행복한 성공을 위한 자기창조경영
내 인생의 내비게이터

한국평생교육원

한국평생교육원은 행복한 성공을 간절히 원하고
구체적으로 상상하며, 열정적으로 재미있게 배우며
긍정적인 비전을 선언하는 이들이 보는 책을 만듭니다

내 인생의 내비게이터

초판 1쇄 인쇄 · 2016년 8월 16일
초판 1쇄 발행 · 2016년 8월 20일

지은이 · 구건서
발행인 · 유광선
발행처 · 한국평생교육원
기 획 · 박보영
편 집 · 장운갑
디자인 · 이종헌

주 소 · (대전) 대전광역시 서구 계룡로 624 6층
　　　　　 (서울) 서울시 서초구 서초중앙로 41 대성빌딩 4층
전 화 · (대전) 042-533-9333 / (서울) 02-597-2228
팩 스 · (대전) 0505-403-3331 / (서울) 02-597-2229

등록번호 · 제2015-30호
이메일 · klec2228@gmail.com

ISBN 979-11-955855-4-0 (03320)
책값은 책표지 뒤에 있습니다.

이 도서의 국립중앙도서관 출판예정도서목록(CIP)은 서지정보유통지원시스템 홈페이지
(http://seoji.nl.go.kr)와 국가자료공동목록시스템(http://www.nl.go.kr/kolisnet)에서 이
용하실 수 있습니다.(CIP제어번호: CIP2016017963)

행복한 성공을 위한 자기창조경영

내
인생의
내비게이터
Navigatorship

구건서 지음

한국평생교육원

여기는 '대한민국'이고 지금은 '2016년 6월 6일' 현충일의 밝은 해가 떠오르는 새벽 시간이다. 그리고 이 책을 쓰는 것은 구건서의 '생각'이다. 이렇게 서두에서 공간·시간·생각을 먼저 얘기하는 것은 이 세 가지가 인류 역사를 바꾸는 동력이기 때문이다.

동양 고전인 『장자』의 우물 안 개구리, 여름 벌레, 속 좁은 선비의 세 가지 우화는 '공간·시간·생각'을 바꿔야 인생이 달라진다는 것을 알려준다.

우물 안 개구리는 우물이라는 '공간'에 갇혀 있기 때문에 바다를 이야기할 수 없고, 여름 벌레는 여름이라는 '시간'에 갇혀 있기 때문에 얼음을 알 수 없으며, 자기만의 지식에 빠져 있는 선비는 편협한 '생각'에 갇혀 있기 때문에 세상의 도道를 깨우치지 못한다.

이탈리아 베니스의 구겐하임Guggenheim 미술관 입구에도 'Changing place, Changing time, Changing thought, Changing future'라는 문

구가 적혀 있다. 양洋의 동서東西와 시時의 고금古今을 막론하고 모두 공간·시간·생각을 얘기하는 것은 이 세 가지가 우리에게 의미 있는 어휘keyword이기 때문일 것이다.

이제 우리는 공간·시간·생각이 서로 영향을 미치는 '초연결사회Hyper-connected society'를 살아가야 하므로 이들을 미래와 연결시켜 자신의 인생을 설계하는 방법을 배워야 한다.

답은 '여기·지금·내 생각'에 있다.

스티브 잡스가 인류 역사의 큰 물줄기를 바꾸는 킬러앱Killer Application인 '아이폰iPhone'을 세상에 내놓은 지 10년이 되었다. 7만 년 전의 인지혁명이 인류 역사의 시작을 알리는 여명黎明이었다면, 2007년 탄생한 아이폰은 스티브 잡스의 예언대로 세상의 모든 것을 바꾸어 나가고 있다. 심지어 인류 역사를 아이폰 이전의 시대를 의미하는 'BIBefore iPhone'와 아이폰 이후의 시대를 의미하는 'AIAfter iPhone'로 구분하기도 한다. 인지혁명, 농업혁명, 과학혁명, 산업혁명, 지식정보혁명을 거쳐 지금 우리는 모바일·초연결 혁명시대에 접어들고 있다.

이렇게 세상은 광속光速으로 바뀌고 있는데 정작 우리 자신은 어떤가?

인지혁명 시대의 사피엔스Sapiens 수렵채집인, 농업혁명 시대의 농노, 산업혁명 시대의 육체노동자, 지식정보혁명 시대의 지식노동자를 거쳐 이제 모바일·초연결혁명시대의 프리에이전트Free agent로

역할이 바뀌고 있음에도 옛날 수렵채집 시절이나 농사짓던 시절의 DNA와 공간 · 시간 · 생각에 머물고 있다.

세상이 변하면 우리도 세상의 흐름에 맞게 스스로 바뀌어야 하는데 과거의 생각에 젖어 있기 때문에 역사의 소용돌이에서 주변부로 밀려나고 있다.

강의를 하면서 청중들에게 질문을 해본다.

"인생설계도가 있습니까?"라고 하면 대부분 "그게 뭔데요?"라거나 "처음 듣네요."라는 답변이 나온다.

뒤이어 "왜 사나요?", "꿈이 뭐예요?"라고 물으면 역시 "잘 모르겠다.", "생각 안 해봤다."라는 응답이 많다.

"행복하기 위해서", "성공하기 위해서", "잘살기 위해서"라는 추상적인 답변도 있다.

그러면 "행복이 뭐예요?", "성공이 뭐예요?", "잘사는 게 뭐예요?"라고 질문하면 "그냥~ 편안한 것", "그냥~ 돈 많이 버는 것"이라고 대답한다.

마지막으로 "지금 행복하세요?", "성공하셨나요?"라고 물어보면 자신 없이 고개만 갸우뚱한다.

왜 사람들이 행복하다고 느끼지 않을까? 왜 성공했다고 느끼지 않을까? 다양한 분석과 해법이 있을 것이다.

행복과 성공이라는 파랑새는 《지금 · 여기 · 내 생각》에 있음에도 멀리서 찾거나, 세상을 탓하고 다른 사람 핑계를 대기 때문일 수도 있다.

내 인생을 사는 것이 아니라 다른 사람의 인생을 사는 것일 수도 있다.

젊은 청년들은 '헬조선', '흙수저', 'N포세대'를 얘기하고, 나이 든 사람들은 '저출산 고령사회', '사오정', '양극화'를 거론한다.

국민은 정치인이 문제라고 하고, 정치인들은 국민들의 수준 때문이라고 한다.

부모는 자식을 탓하고 자식은 부모 탓으로 돌린다.

경영자는 직원들을 탓하고, 직원들은 경영자를 탓한다. 모든 것이 남 탓이다. 내 인생인데 남 얘기를 하고 있다. 더 나아가 우리는 '인생, 죽음, 행복, 성공, 일(직업)' 등 소중한 것들에 대하여 깊이 있는 생각을 해보지 않았다.

"너만 공부 잘해라. 너만 1등 해라. 너만 100점 맞아라. 너만 좋은 대학 가라. 너만 좋은 직장 잡아라. 너만 잘 살아라."는 악마의 주문을 계속 들었으니 자기만 아는 '이기주의'와 돈이 최고라는 '물질만능주의'가 지배하는 세상이 된 것이다. 어떻게 사는 것이 의미 있는 인생인지 가르쳐주지 않았고 스스로 배울 기회도 없었다.

그러면 우리는 무엇을 해야 할 것인가?

인생은 태어날 때부터 불공평하다. 이미 유전적으로 50%는 결정된다고 한다. 외모, 재산, 머리, 성격은 물론 행복, 성공 등도 50%가 유전적으로 정해지기 때문에 우리가 바꿀 수 있는 것은 나머지 50%인데 그마저도 10%는 주변 상황이 좌우하고 진짜 자신이 통제하고 바꿀 수 있는 것은 40%밖에 되지 않는다.

유전적으로 숙명처럼 주어진 것을 바꾸기는 어렵다. 물론 DNA 분석을 통해 나쁜 DNA를 제거하고 좋은 DNA만 남기는 유전자 변형이 가능하다. 하지만 그것은 비용과 윤리적인 측면에서 걸림돌이 많으므로 우리는 내가 바꿀 수 있는 40%에 주목해야 한다. 이 40%를 바꿔서 나머지 60%를 나에게 유리하게 운명의 물길을 돌릴 수 있다면 나와 우리 그리고 세상을 바꿀 수 있을 것이다.

이러한 문제의식을 바탕으로 내비게이터십을 구상하고 프로그램을 만들었다. 그동안의 연구 자료와 워크숍을 정리해서 한 권으로 묶은 것이 이 책이다. 내비게이터십은 내가 바꿀 수 있는 40%에 주목하여 이것을 나에게 좋은 방향으로 작동하도록 하는 자기경영 프로그램이다.

유전적으로 주어지는 50%는 우리 신체의 골격에 해당하는 뼈와 같아서 운동을 한다고 더 커지거나 늘어나지 않는다. 그러나 내가 조절할 수 있는 40%는 근육과 같아서 훈련하고 연습하면 일정부분 커지거나 늘어난다.

우리는 자기 인생의 주인공으로서 의미 있는 인생을 사는 방법을 연습하고 훈련해야 한다. 그 연습의 기본 밑거름이 내비게이터십 프로그램이다. 1만 시간 이상을 치열하게 연습해야 한 분야의 장인이 되듯이, 행복한 성공도 학습과 훈련, 연습을 반복하는 과정을 거쳐야 나에게 찾아오는 귀한 손님이다.

　인생 · 꿈 · 행복 · 성공은 초대장을 보내지 않는다.
　내비게이터십을 통해서 스스로 과거 인생을 돌아보고, 미래에 이룩할 새로운 꿈을 만들어, 현재 구체적으로 실천함으로써 자신의 행복한 성공을 만들어 가면 어떨까. 매년 내비게이터십 워크숍에 참가하거나 이 책을 친구삼아 새롭게 인생을 설계해보자. 매년 사업목표를 새로 짜고 계획을 세워 구체적으로 실천하듯이 자신의 인생도 설계, 실천, 점검을 해보자.
　행복한 성공은 그냥 찾아오는 공짜가 아니라 반복적인 연습을 통해 나의 뇌와 뼈와 근육에 새기는 과정에서 만들어진다. 백 번, 천 번이라도 반복해야 한다. 매일 밥을 먹어야 육체적인 건강이 유지되듯 매일 자신의 영혼에 내비게이터십으로 좋은 기운氣運을 불어넣어야 한다.

　인생은 대리운전이 없는 자가운전일 뿐이다. 내가 운전대steering wheel를 잡고 직접 운전하는 자동차 또는 내가 키rudder를 잡고 직접 항해하는 배에 비유할 수 있다. 누구도 내 인생을 대신 운전해 주거나 항해해줄 수 없다.
　내 인생은 내가 설계하고 실천하는 여정이며 다른 사람이 대신하는 것은 불가능하다. 깃발 따라 여기저기 돌아다니는 패키지 여행이 아니라 자신이 계획하고 스스로 걸어가는 배낭여행이다.

그렇다면 나는 어디까지 가고 싶은지? 어떤 경로를 선택할지? 어디서 출발할 것인지? 누구와 함께 갈 것인지? 등등 모두 내가 결정해야 한다. 내비게이션navigation을 이용할 때 목적지를 찍고 현재 위치를 점검한 후 경유지를 선택해서 원하는 곳으로 간다. 마찬가지로 인생도 내가 이루고 싶은 꿈을 목적지로 정하고 현재 내가 있는 위치를 진단한 후 구체적 실천이라는 경로를 통해서 하나씩 만들어가는 과정이다.

내비게이터십을 통해서 내 인생의 공간 · 시간 · 생각을 바꾸면 나의 미래가 바뀐다. 내가 바뀌면 가정 · 조직 · 사회 · 국가도 바꿀 수 있다.

이 책은 내비게이터십 워크숍 프로그램을 진행할 때 기본 교재로 활용하도록 구성되었다. 내비게이터십 워크숍에 참가하지 않더라도 매년 자신의 인생을 재설계하고 실천방안을 만드는 데 도움이 된다. 논어의 '묵이지지, 학이불염, 회인불권黙而識之, 學而不厭, 誨人不倦'과 같이 묵묵하게 배우고 깨달아 마음에 새기며, 배움에 싫증내지 아니하고 평생을 공부하며, 다른 사람과 함께 나누는 것을 게을리하지 않는 인생을 살아가는 것이 100세 시대의 지혜가 될 것이다.

이 사회의 구성원들이 행복한 성공을 하고, 우리가 속한 조직이 지속적인 성장을 하며, 더불어 동행하는 아름다운 사회가 되는 데 내비게이터십프로그램이 좋은 역할을 했으면 하는 기대를 가져본다. 내비게이터십의 확산을 위해 애쓰시는 내비게이터십 퍼실리테이터F/T와 코치Coach 여러분께 이 책을 바친다. 마지막으로 어려운 여건에서도 책을 출판해주신 한국평생교육원 유광선 대표님, 엔터스코리아 박보영 차장님을 비롯한 편집부 여러분께 고마움을 전한다. 스스로 함께 더 크게 세계로!

불권헌不倦軒 서재에서
연당硏堂 **구건서**具建書

차례　C O N T E N T S

CONTENTS

Chapter 3

어떤 경로로 갈 것인가? ― 인생항해 두 번째 '실천방안 모색'

Chapter 4
인생항해 잘하기 위한 기본 지식 ─ 내비게이터십의 기본 이해

Chapter 5
내비게이터십 코칭(Navigatorship Coaching)

Chapter 6
내비게이터십 인생 설계도(Navigatorship Life Design)

부록
내비게이터십 진단

내비게이터십 상설 강좌 안내

우주는 한 권의 커다란 책이고 인생은 큰 학교다
— 임어당 —

인생은 너 자신을 찾는 데 있는 것이 아니다.
인생은 너 자신을 창조하는 데 있다
— 조지 버나드 쇼 —

Chapter 1

인생항로의 선장이 되자
(Navigator for my life)

Life Route

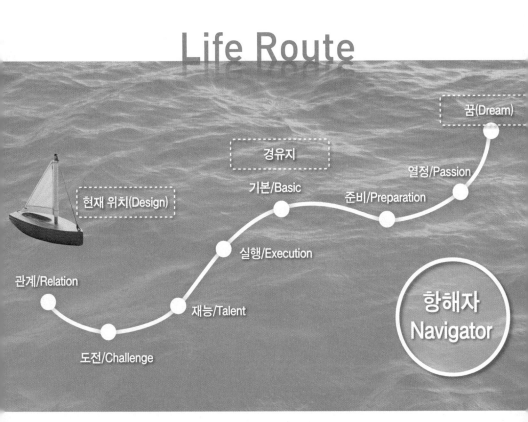

꿈(Dream)

경유지

현재 위치(Design)

기본/Basic

준비/Preparation

열정/Passion

실행/Execution

관계/Relation

재능/Talent

도전/Challenge

항해자
Navigator

가장 뛰어난 투자,
내가 잘하는 일에의 몰입

인생은 태어나서 죽을 때까지 쉬지 않고 가는 여행이라 할 수 있다. 때문에 어디로 갈 것인지 방향을 정하고 자신의 인생항해도를 그려 본 후 항구를 떠나는 것이 중요하다. 배는 항구에 있을 때 가장 안전하지만 항구를 떠나 바다를 항해하지 않으면 존재의 의미가 없다. 그러니 내 인생을 묶고 있는 닻anchor을 풀고 돛sails을 올려 항해를 시작해야 한다. 나는 내 인생의 항해도를 스스로 작성하고 직접 배를 띄워 파도를 뚫고 나아가는 선장Captain이며 항해자Navigator이다.

인생이라는 항해는 일방통행one way trip이며, 왕복승차권을 발행하지 않는다. 연습이 없이 모든 게 실전이다. 매 순간이 새롭고 특별한 시간이며 소중한 지금은 다시 오지 않는다. 그럼에도 우리는 연습생,

청강생과 같이 그저 관조觀照하려 한다. 내 인생을 사는 것이 아니라 남의 인생인 양 살아가고 있다. 이제 연습생, 청강생이 아니라 자신의 무대에 서는 주인공이 되어야 한다. 내 인생, 내 꿈이 무엇인지 진지하게 생각해봐야 한다. 나만이 내 인생을 바꿀 수 있다. 나는 내 인생 연극의 주연배우이니까.

이러한 인생항해는 빠른 길도 있고 돌아가는 길도 있다. 태풍을 만날 수도 있고 암초에 좌초할 수도 있다. 나를 향해 끊임없이 달려오는 세상의 거친 풍파風波를 이겨내는 방법은 그것을 정면으로 돌파하는 것이다. 파도를 옆으로 맞으면 배가 기울어지고 끝내 좌초되기도 한다. 어느 누구도 내 인생을 대신 살아주지 않는다. 모든 것은 내가 선택한 길이고 내가 가야 할 길이다. 스스로 내 인생을 설계하고 자신의 좌표를 찾아 인생항해를 계속해야 한다. 지금은 정신을 차릴 수 없을 정도로 빠른 변화의 시대다. 많은 사람들이 소용돌이에서 빠져 나오지 못하거나 주변부로 밀려나고 있다. 세파에 시달려 인생의 방향을 잃고 표류하기도 한다. 어디로 가려는지 잊어버리고 그냥 하루하루를 살아가고 있다. 어딜 가고 있는지 모르면 결국 내가 원하지 않는 곳으로 흘러가게 마련이다.

인생이란 나를 믿고 나의 항로를 꾸준히 가는 것이다. 나 자신을 믿는 힘, 기어코 될 것이라는 확신, 그것이 곧 험난한 풍파를 이겨내는 최고의 무기다. 미래는 알 수 없다. 하지만 결과를 모른다고 해서 도전조차 하지 않는다면 그건 인생이 아무것도 아니고, 자신 역시 아무것도 아니라는 뜻이다. 두려움보다는 지금, 이 자리에서, 내가, 잘 할 수 있는 일, 그것에 몰입하는 것이 미래를 위한 가장 현명한 투자다. 지금이 바로 인생의 소중한 경험을 만드는 가장 중요한 시간이고, 지금 내가 하는 경험이 무엇인가에 따라 앞으로 인생의 방향이 결정된다. 지금 내가 만나는 사람이 내 인생을 좌우한다. 내 삶을 행복하게 잘 살고 싶다면 지금 이 순간 내가 어떤 경험을 하고 있는지 들여다봐야 한다.

'청와대'를 가고 싶다면
어떻게 해야 할까?

　사람은 동물이나 식물과 달리 가야 할 목적지가 정해지면 그곳에 가는 수단과 방법을 찾아내는 의지를 갖고 있다. 살아가야 할 목적(꿈)이 분명하다면 스스로 방법(실행)을 만들어낸다. 예컨대 청와대를 가려면 어떻게 가야 할까. 이에 대해 어떤 이들은 택시, 버스, 지하철, 비행기, 자전거 등 교통수단을 찾아낸다. 다른 사람들은 초청 받기, 대통령 출마, 훈장 타기 등 교통수단이 아닌 더 나은 방법을 얘기하기도 한다. 이처럼 사람은 자신이 이루고 싶은 꿈이 정해지면 스스로 그것을 이룰 방법을 만들어 내는 능력을 갖고 있다. 그렇다면 가장 먼저 해야 할 일은, 내 꿈이 무엇인지 찾아낸 다음 거기까지 도달할 방법을 찾는 것이다. 이것이 필자가 말하고자 하는 설계도(항해도)이다.

방송을 진행할 때는 방송내용을 미리 정리한 '방송대본^Cue sheet'이 있어야 한다. 또한 강의를 할 때는 강의내용을 정리한 '강의안'이 필요하고, 집을 짓는 데는 건물에 대한 '설계도'가 있어야 한다. 이처럼 모든 일에는 기획과 설계가 있어야 제대로 실행 및 진행이 된다. 그런데 인생이라는 긴 여정에서 인생에 대한 '설계도(항해도)'를 그려보는 사람이 몇 명이나 될까.

건물을 설계한 사람은 그 건물이 완성된 모습을 건물을 짓기 전에 볼 수 있는 특권이 있다. 몇 층으로 할 것이며, 골조는 무엇으로 하고, 외장재와 내장재를 선택할 수 있기 때문이다. 건물이 완성되기 전에 건물이 완성된 이후의 아름다운 모습을 볼 수 있듯이 인생에 대한 설계도를 그려본 사람은 자신의 인생에 대한 미래의 모습을 상상할 수 있다. 10년 후, 20년 후, 더 나아가 자신의 인생 마지막 모습이 어떠할지도 가늠할 수 있다.(물론 예상하지 못한 사고나, 질병에 걸리는 경우에는 본인의 의지와 상관없이 설계도대로 살지 못하게 되는 것은 하늘의 뜻으로 받아들여야 한다.) 인생에 대한 설계도는 우선 내가 가장 해보고 싶은 꿈이 무엇인지를 찾아내는 것에서 시작한다.

인생은 꿈과 생각만으로는 부족하다. 치밀한 전략과 계획, 그리고 이에 대한 철저한 준비와 실행이 뒤따라야 한다. 많은 책에서 꿈과 열정만 있으면 다 이루어질 수 있을 것처럼 적어놓고 있지만 막상 해보면 그렇지 않다. 꿈꾸면 누구나 무엇이든 이룰 수 있다는 말은 정답이 아니다. 선명하고 생생한 꿈만 꾼다고 행복한 성공이 저절로 다가오는 것도 아니다. 선명하고 의미 있는 꿈을 꾸되 꿈을 이루기 위해 치열하게 공부하고 열정적으로 일해야 한다. 설계도가 있더라도 설계도대로 벽돌 한 장 한 장을 쌓아야 건물이 완성되는 것과 마찬가지다.

　의미 있는 꿈을 간절하고 선명하게 꾸어야 하며, 그 꿈을 이루기 위해서 노력이라는 대가를 충분히 지불해야 한다. 여기서의 간절함은 막연한 기대감이 아니라 "이걸 해야 된다."는 의지가 함축된 절박함이다. 먹고 자는 것도 잊을 정도로 발분망식(發憤忘食, 무엇을 할 때 끼니마저 잊고 힘쓴다는 뜻) 하다 보면 하늘이 감동한다. 그러면 어느 순간 길이 보인다. 꿈을 꾸는 것만으로도 부족하고 열심히 노력하는 것만으로도 부족하다. 꿈만 꾸고 노력을 하지 않는 사람은 몽상가에 지나지 않으며 꿈을 꾸지 않고 노력만 하는 사람은 다람쥐 쳇바퀴 돌듯이 지루한 인생이 된다. 따라서 큰 꿈을 꾸고 그 꿈을 이루기 위해서 열심히 노력해야 한다.

　간절히 원하는 것은 그냥 마음속에 품고 있는 것이 아니라 온몸으로 부딪치고 깨지면서 만들어야 한다. '끌어당김의 법칙'과 '대가지불의 법칙'은 따로 존재하는 것이 아니고 동전의 앞뒷면과 마찬가지로 함께 있는 것이다.

'세 박자'의 중요성
(운명, 노력, 환경의 3각 함수)

예로부터 많은 현인들이 사람의 인생에 큰 영향을 미치는 세 가지 요인으로 운명, 노력, 환경을 꼽았다. 그중 하늘로부터 주어지는 운명이라는 유전적인 요인이 50%를 차지한다. 나의 노력이 차지하는 비율은 40%, 나를 둘러싼 주변 환경이 미치는 영향은 10% 정도가 된다. 하늘로부터 주어지는 운명은 어쩔 수 없지만 노력이라는 40%와 주변 환경 10%는 나의 생각, 행동, 실행 여하에 달린 것이다. 즉 큰 꿈을 만들고 하늘이 감동할 만큼 노력한다면 50%의 유전적인 운명도 내 편을 들어줄 수 있다. 운運도 실력의 일부라는 말이 있듯이 노력하는 사람에게 행운이 따른다. 남의 행운을 부러워만 할 게 아니라 기회가 왔을 때 단번에 잡을 수 있도록 미리 준비하고 노력을 쏟아

부어야 한다.

　인생이 잘 풀리지 않을 때 대부분 운명 탓을 하지만 그럴 필요가 없는 이유가 여기에 있다. 운명에 끌려가지 말고 적극적이고 과감하게 도전해야 한다. 힘들다며 불평하거나 포기하지 않는다면 운명을 스스로 개척할 수 있다.

　최선을 다해 노력하는 이에게는 하늘의 운명도 어쩌지 못한다. 50%의 운運과 40%의 둔鈍, 그리고 10%의 근根이 합쳐서 인생이 완성된다는 '운둔근運鈍根'이라는 말처럼, 운은 우둔하면서도 끈기 있게 기다리는 사람에게 찾아온다. 운이 다가오기를 기다리는 일종의 둔한 맛이 있어야 하고 운이 트일 때까지 버티어 내는 끈기와 근성이 있어야 한다. 이때 귀가 얇으면 결코 기다리지 못한다. 둔함은 때로 부정적인 요인으로 비판받지만 장기적으로 큰 힘이 되기도 한다. 끝까지 버텨보는 끈질김이 세상을 바꿀 수 있다.

　노력에 의해 운을 바꿀 수 있음을 보여준 사람으로 일본의 괴물투수 오타니 쇼헤이가 있다. 그는 2015년 대한민국 야구대표팀과의 경기에서 두 게임에 단 3안타만을 내준 투수로서 '만다라트 기법'이라는 발상법을 활용한 목표 달성표로 유명하다. 그의 목표 달성표에는 야구 선수로서 필요한 8개 항목(몸 만들기, 제구, 구위, 스피드, 변화구, 멘탈, 인간성, 운)과 구체적인 세부 항목, 그리고 최종적으로 8구단 드래프트 1순위가 되겠다는 그의 포부가 담겨 있다. 특히 '운'과 '인간성', '멘탈' 등 영역이 눈에 띈다. '운' 영역의 세부항목에는 긍정적인 사고와 인사하기, 쓰레기 줍기, 청소하기, 책 읽기 등이 포함돼 있다. 사회생활에서 '운'이라고 불리는 영역에 평소 평판이나 다른 사람과의 관계가 작용한다는 것을 알고 있었던 것이다. 결국 오타니는 당시 목표했던 대로 프로구단의 지명을 받았다. 이처럼 노력은 타고난 운도 바꿀 수 있는 좋은 무기가 된다.

◆ 오타니 쇼헤이가 고등학교 1학년 때 세운 목표 달성표

몸관리	영양제 먹기	FSQ 90kg	인스텝 개선	몸통 강화	축을 흔들리지 않기	각도를 만든다	공을 위에서 던진다	손목강화
유연성	몸 만들기	RSQ 130kg	릴리즈 포인트 안정	제구	불안정함 없애기	힘 모으기	구위	하체 주도로
스테미너	가동역	식사 저녁 7그릇 아침 3그릇	하체강화	몸을 열지 않기	멘탈 컨트롤 하기	볼을 앞에서 릴리즈	회전수 업	가동역
뚜렷한 목표, 목적을 가진다	일희일비 하지 않기	머리는 차갑게 심장은 뜨겁게	몸 만들기	제구	구위	축을 돌리기	하체 강화	체중 증가
핀치에 강하게	멘탈	분위기에 휩쓸리지 않기	멘탈	8구단 드래프트 1순위	스피드 160km/h	몸통 강화	스피드 160km/h	어깨 주위 강화
마음의 파도를 만들지 않기	승리에 대한 집념	동료를 배려하는 마음	인간성	운	변화구	가동역	라이너 캐치볼	피칭을 늘리기
감성	사랑받는 사람	계획성	인사하기	쓰레기 줍기	부실 청소	카운트 볼 늘리기	포크볼 완성	슬라이더 구위
배려	인간성	감사	물건을 소중히 쓰자	운	심판을 대하는 태도	늦게 낙차가 있는 커브	변화구	좌타자 결정구
예의	신뢰받는 사람	지속력	플러스 사고	응원받는 사람이 되자	책읽기	직구와 같은 폼으로 던지기	스트라이크에서 볼을 던지는 제구	거리를 이미지 한다

3:97의 법칙

　'3:97의 법칙'은 이 세상 사람들이 3%의 꿈을 적어놓은 사람과 97% 의 생각만 하는 사람으로 구분된다는 것을 말한다.

　1953년 미국의 명문 예일 대학교는 졸업 예정자들을 대상으로 인생의 목표가 있으며 이를 글로 적어두었는지에 대한 조사를 했다. 약 3%의 학생들이 목표와 실행계획을 구체적으로 기록하여 가지고 있다고 답했고, 10%는 머릿속으로 목표를 세워 두었다고 답했으며, 60%는 인생 목표라기보다 단기적인 계획이 있다고 하였으며, 27%는 전혀 계획이 없다고 답했다. 즉, 무려 87%가 인생 목표를 세워두지 않은 것이다.

　20년 후 예일 대학교는 추적조사를 했고 놀라운 결과가 나타났다.

구체적인 목표와 실행계획을 글로 기록해 가지고 있었던 3%가 가진 재산이 나머지 97%가 가진 재산보다 많았다는 것이다. (2007년에 한 잡지의 기자가 3%의 법칙은 실제로 연구된 것이 아니라 하나의 전설에 불과하다는 추적조사 결과를 내놨다. 1953년 예일대학교에서 그 연구가 행해 졌는지를 알아보았지만 그런 증거를 찾을 수 없었다는 것이다. 정말 연구가 있었는지 알 수는 없지만, 목표 설정의 중요성은 유의미하므로 내용을 여기 에 소개하는 것이다.)

20년 전까지만 해도 모두 '예일 대 졸업생'일 뿐이었다. 그들 모두 는 사회에 나오는 출발선상에 있었고 비슷한 성적과 환경을 가지고 있었다. 그런데 왜 20년 후 이런 차이가 발생하게 되었을까?

그것은 3% 학생들의 '글로 적어둔 구체적인 목표'로써의 인생설계 도에서 비롯된다. 20년의 세월 동안 꾸준하게 자신의 인생설계도에 따라 항해한 사람들과 자신이 어디로 가야 하는지 목적지를 잃은 사 람의 차이는 이토록 크게 갈린다.

미국 출신의 세계적인 경제학자 제레미 리프킨Jeremy Rifkin은 『엔트 로피Entropy』라는 책에서 다음과 같이 적고 있다.

"지금까지 문명과 문화의 발달은 0.1%의 창의적인 인간이 다른 사 람은 생각하지 못하는 것을 생각하고, 다른 사람은 꿈꾸지 않는 것을 꿈꾸며, 모두가 보지 못하는 어두운 곳에 깃발을 꽂고 이곳이 젖과 꿀 이 흐르는 새로운 땅이라고 외치면, 0.9%의 안목 있는 인간만이 그것 을 알아보고 그들과 협력하고 후원하며 새로운 문명을 건설한 결과 다. 나머지 99%는 이 1%가 모든 것의 기초를 닦고, 새로운 계단을 놓고 난 다음에야 비로소 그 위에 올라와 세상 참 많이 달라졌다는 감탄사를 연발하며 또다시 그곳에 안주한다."

이제 생각해 보자. 나는 어디에 속하는가?

R U S S I A
KAZAKHSTAN
MONGOLIA
C H I N A
GEORGIA
ARMENIA
AZER-BAIJAN
UZBEKISTAN
TURKMENISTAN
KYRGYZSTAN
TAJIKISTAN
SYRIA
IRAQ
IRAN
AFGHANISTAN
PAKISTAN
INDIA
NEPAL
BHUTAN
BANGLADESH
KUWAIT
BAHRAIN
QATAR
SAUDI ARABIA
U.A.E.
OMAN
YEMEN
ERITREA
DJIBOUTI
ETHIOPIA
SOMALIA
KENYA
MYANMAR
LAOS
THAILAND
VIETNAM
CAMBODIA
SRI LANKA
MALDIVES
MALAYSIA
BRUNEI
SEYCHELLES
Indian Ocean
COMOROS
MADAGASCAR
MOZAMBIQUE
MALAWI
MAURITIUS

당신이 자기 삶의 주인이 되지 않으면 다른 사람이 주인이 된다.
— 존 애킨슨 —

평온한 바다는 결코 유능한 뱃사람을 만들 수 없다
(A smooth sea never made a skillful mariner)
— 영국속담 —

Chapter 2

나는 어떤 사람일까?
— 인생항해 첫 단계
'자아탐구'

인생에 공짜는 없다

'나는 내 운명의 주인이요, 나는 내 영혼의 선장이다.

(I am the master of my fate, I am the captain of my soul)'

'인빅터스invictus'라는 시詩에 나오는 한 구절이다. 인빅터스는 '정복되지 않는 자들'이란 뜻의 라틴어로 영국의 윌리엄 어니스트 헨리 William Ernest Henley가 썼으며, 故 넬슨 만델라Nelson Mandela 대통령의 애송시로 알려져 있다. 과연 인생 항해의 선장skipper 역할을 잘하고 있는가?

항해를 잘하기 위해서는 어디를 향해 가고 있는지, 어떤 경로를 거쳐야 하는지, 그리고 현재 위치는 어디쯤인지 파악해야 한다. 바쁜 일상에 종종걸음 치는 삶이라 하더라도 가끔은 걸음을 멈추고 인생항해도를 그려보고 항해를 하면서 상황에 따라 계속 새로운 항로를 개척해야 한다.

우리는 누구나 인생을 잘살고 싶어 한다. 그런데 어떻게 사는 것이 잘사는 것인지를 모른다. 자신의 인생항로를 정하지 못하고 그냥 남들을 따라가다가, 어느 날 자신이 원하지 않던 길 위에 서 있는 걸 발견하고 놀라고 방황한다. 어느 날 인생을 돌아보면 진정한 행복과 성공에서 벗어나 있는 자신을 발견하곤 흠칫 놀란다. 그러면 우리를 행복한 성공으로 이끄는 인생항로는 어떤 모습일까? 삶을 아름답게 이끄는 핵심요인은 무엇일까? 행복한 성공에는 어떤 방정식이 있는가? 행복하고 성공한 사람들의 공통점은 무엇인가?

There is no such thing as a free lunch. No work, no pay.

공짜 치즈는 쥐덫에만 놓여 있다.

天下莫無料(천하막무료).

위의 문장은 표시된 언어는 다르지만 다 같은 뜻이다. 세상에 공짜는 없다는 것으로 이에 대한 우화가 있다.

어느 현명한 왕이 학자들을 불러 모아 세상의 모든 지혜를 정리해달라고 명했다. 오랜 세월이 지난 후 열두 권의 책이 만들어졌다. 이 열두 권의 책을 받아 본 왕은 이것은 분명히 세상의 지혜이며 보물이지만, 너무 두꺼워 많은 백성들이 못 읽을까 염려되니 더 간략하게 줄이라고 다시 명했다. 그 후 열두 권의 책은 한 권으로 요약됐다. 그 역시 한 권의 책도 너무 많다며 한 페이지로 요약하라고 명령했다. 학자들이 더욱 더 분발해 한 페이지로 줄여졌다. 하지만 왕은 한 페이지의 글도 읽지 못하는 백성이 있을까 염려되어 단 한 마디로 압축하라고 마지막 명을 내렸다. 최종적으로 나온 말이 '天下莫無料(천하막무료)', 즉 세상에는 공짜가 없다는 말이다. 내 인생에도 공짜로 주어지는 것은 없으니 내 운명의 주인으로서, 내 영혼의 선장으로서 스스로 인생을 개척해 나가야 한다.

'행복한 성공'을 위한 전제조건

행복과 성공에 대한 개념은 주관적主觀的이면서 다의적多義的이다. 행복의 사전적인 의미는 '즐겁고 편안하고 흐뭇함'이다. 성공의 사전적 의미는 '목적하는 바를 이룸'이다.

많은 이들이 성공은 사회적으로 높은 위치를 차지하거나 이름이 널리 알려지는 것으로 인식한다. 성공을 위해서는 소소한 행복을 포기해야 한다고 열변을 토하는 이들도 적지 않다. 하지만 성공은 내가 목적했던 것을 이룬 것 그 자체이지, 자리의 높낮이나 유명세에 있는 것이 아니다. 그래서 성공을 원한다고 해서, 행복을 포기할 이유가 전혀 없다.

내비게이터십에서는 행복을 '자신이 좋아하고 가치 있는 일을 하면서 즐겁게 살아가는 것'으로 정의한다. 성공 역시 '자기가 하고 싶은 꿈을 이루어 나가는 자기성취와 사회를 위한 공덕을 쌓는 것'으로 정의한다. 즉, 자기가 좋아하는 일을 즐겁게 하는 것이 행복과 성공의 공통점이다. '행복=성공'인 것이다. 이러한 행복과 성공의 연결고리를 따져보면 행복이 먼저이고 성공이 나중이다. 성공해서 행복한 게 아니고 행복하니까 성공이 따라온다. 내비게이터십은 행복과 성공을 서로 혼용해서 사용하며 '행복한 성공'으로 연결해서 표현한다.

행복과 성공이 함께 맞물려 있기 때문에 행복이 먼저냐, 성공이 먼저냐를 따지는 것은 중요하지 않다. 행복과 성공의 한 쪽을 포기하는 것은 양쪽을 다 잃을 수 있다. 행복과 성공은 함께 있을 때 비로소 빛을 발한다. 행복을 통해 성공에 가까워져야 하며, 성공을 위해 행복이 든든한 후원자가 되어야 한다.

성공하고 싶다면 행복하게 살아야 한다. 미국에서 성공한 CEO들을 대상으로 성공과 행복의 상관관계를 조사하였다. 그 결과 성공해서 행복을 얻었다고 대답한 사람은 불과 37%였지만 나머지 63%는 하루하루를 행복하게 살았더니 성공을 얻었다고 대답하였다. 성공하면 행복해지는 것이 아니라 행복하게 살면 성공하는 것이다.

성공하려면 간절하게 성공을 열망하고 스스로를 지속적으로 혁신하며 항상 희망을 잃지 말아야 한다. 성공이라는 것은 개인의 정신적, 정서적 상태를 기준으로 한 것이지 우리가 보편적으로 생각하고 있는 사회적 성취 정도를 두고 하는 얘기가 아니다. 우리 사회의 보편적인 인식은 권력, 돈, 명예를 갖춰야 성공하고 출세했다고 생각한다. 그러나 인간적인 성공success과 사회적인 출세careerism는 엄밀히 구분된다. 출세가 곧 성공은 아니다. 성공을 꿈꾼다면 내가 어떤 일을 좋아하고 어떤 일을 하고 싶은지 알아야 한다. 꿈을 위해서 내 모든 것을 바칠 각오가 되어 있다면 이미 절반의 성공을 이룬 것이다.

우리는 큰 꿈을 꾸고dream big, 그 꿈을 이루기 위해 하루하루를 성실하게 살아야try small 한다. 인생은 짧은 항해가 아니라 100년 가까이 가는 길고 먼 항해이다. 승객이 아니라 내 인생항해의 선장으로서 자신만의 아름다운 궤적을 남기는 위대한 여정이다. 스스로 자신의 인생을 설계하고 항로와 목표를 정한 후 그 항로를 이탈하지 않는 내비게이터navigator가 되어 꿈을 만들고 그 꿈을 이루어 내야 한다. 물은 99℃까지는 그냥 물이지만 100℃의 임계점critical point에 도달해야 수증기가 된다. 인생도 100℃의 한계점限界點까지 한번 끌어올려 보는 기적을 만들어보자. 단순히 기적을 기다리지 말고 내가 노력해서 기적을 만드는 것이 아름다운 인생항해이다. 꿈을 이루어서 자신에게 선물하는 것이 인생에 대한 예의가 아닐까.

그렇다면 어떻게 해야 행복한 성공의 길을 걸어갈 수 있을까. 목표에 대한 방향을 잘 잡으려면 내가 현재 서 있는 위치부터 파악해야 한다. 손자병법에 '지피지기 백전불태知彼知己 百戰不殆라는 말이 있다. 상대를 알고 나를 알면 백 번 싸워도 위험하지 않다는 뜻이다. 이 말에

빗대어 표현해보자면 미래를 알고 나를 아는 것은 삶에서 올바른 방향타 역할을 한다. 인생이라는 항해에서 나는 어디에 있는지 '현재위치'를 파악하는 것이다. 내가 어디에 있는지를 파악하지 못하고 운항하는 것은 목표를 잃고 떠도는 난파선에 다름없다. 그래서 고대 그리스인은 '너 자신을 알라'는 명언을 아폴론 신전 기둥에 새겨 놓았다. 소크라테스는 이 글을 일생의 화두로 삼았다.

현재 나의 위치를 알아야 어디로 갈 것인지, 어떻게 갈 것인지 결정할 수 있다. 우리는 다른 사람을 변화시키기 보다는 자신을 먼저 변화시켜야 한다. 다른 사람을 알기 이전에 먼저 나는 누구인가를 알아야 한다.

꿈을 기억하는가?

사람들은 원하는 것을 꿈꿀 때 즐거워한다. 좋아하는 일을 할 때 신나게 몰입한다. 그리고 자신이 꿈꾸었던 목표를 달성했을 때 행복해한다. 목표를 세우고, 성취를 위해 노력하고, 그리고 마침내 목표를 이루었을 때 성취감과 더불어 자존감이 커지기 때문이다.

꿈은 방향이고 목적지인데 자신의 꿈이 무엇인지 모르거나 꿈이 없다는 사람도 많다. 그러니 꿈이 없는 사람은 운전대가 없는 차를 운전하는 것과 마찬가지로 아무 곳이나 가게 된다. 키rudder 없는 배를 타고 있다고 생각해보라. 얼마나 끔찍한 일인가. 내가 가고 싶은 방향이 아니라 환경 등 외부적인 요인에 의해 흔들리는 인생으로 사는 건 불행한 일이다. 내 인생의 운전대와 키를 내가 잡고 있어야 한다. 그러기 위해서는 내가 누구인지, 왜 사는지, 어떻게 살아야 하는지,

무엇을 할 것인지 끊임없이 고민해야 한다.

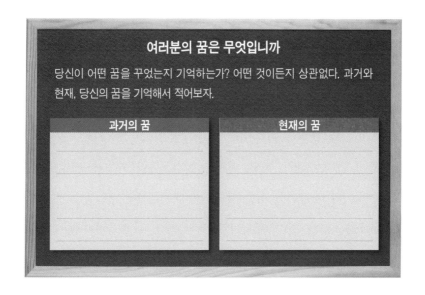

여러분의 꿈은 무엇입니까

당신이 어떤 꿈을 꾸었는지 기억하는가? 어떤 것이든지 상관없다. 과거와
현재, 당신의 꿈을 기억해서 적어보자.

과거의 꿈	현재의 꿈

    필자가 내비게이터십 프로그램을 만들면서 5천 명가량을 대상으로 꿈에 대한 질문을 해봤다. 상당수의 사람들이 돈, 창업, 행복, 여행, 전원주택 등과 자신의 직업적인 희망을 꿈이라고 대답했다. 꿈과 직업을 혼동하는 사람이 의외로 많다. 직업은 꿈을 이루기 위한 수단 중 하나이다. 예컨대 많은 아이들을 사랑으로 보듬으며 바른 가치를 가르치고 싶은 것이 꿈이 되고, 교사가 꿈이 될 수는 없다. 직업은 내가 꿈꾸는 것을 실천할 수 있도록 돕는 수단 중 하나일 뿐이다. 아이들을 바르게 가르쳐 키워내는 꿈은 교사가 아니어도 얼마든지 할 수 있다.

    그런데 많은 이들이 직업과 꿈을 동일시하고, 직업을 달성한 후에 하고 싶은 것이 없다고 한다. 그 직업을 통해 무엇을 실현하고 싶은지가 없다. 만약 그 무엇이 있다면, 그 직업을 실행하는 행위를 통해 행복을 맛볼 수 있을 것이다.

옛날 고사에서는 인생의 네 가지 덫으로 재財, 색色, 명名, 위位를 들고 있다. 오늘날의 주제들과 접목해서 설명하자면 재財는 연봉, 부수입, 사업소득, 주식, 펀드, 부동산 등을 의미한다. 색色은 남녀관계 혹은 감정, 사랑, 결혼 등이다. 명名은 유명해지고 싶어 하는 모든 심리를 말하고 위位는 직위, 지위, 신분 등이다. 사람들이 참 좋아하는 주제들을 덫이라고 정의한 것은 시사하는 바가 크다.

아름다운 인생이란 재물이나 명예만 좇는 인생이 아니라 자신이 누구인지, 왜 사는지, 무엇을 하고 살 것인지 생각하며 사는 인생이다. 세상살이에는 재물이나 명예가 필요하지만, 그것이 모든 것인 양 행동하는 사람은 아름다운 향기가 나지 않는다. 꿈을 적을 때도 눈에 보이는 물질적인 것보다는 눈에 보이지 않는 자신만의 가치를 찾아내야 한다. 내가 하고 싶은 일을 중심으로 세상과 소통하며, 다른 사람도 행복하게 만드는 것이 진심으로 내가 행복한 삶이기 때문이다.

선명하게 꾸고 간절하게 매달리자

　꿈은 자신이 생각하는 미래를 선명하게 만들어간다. 꿈이 있는 사람들은 평생 동안 꿈을 이루려고 노력하며 살아가기 때문이다. 그런데 사람들에게 꿈을 물어보면 대부분 직업적인 희망을 꿈이라고 한다. 직업은 꿈을 이루기 위한 하나의 수단이고 과정일 뿐인데 그 자체가 꿈이 되어버리면 원하는 직업을 갖는 순간 꿈이 사라지는 셈이니 문제이다.

　또한 근거 없는 허황된 꿈은 사람을 병들게 한다. 구체적인 실현 방안이 없거나 자신과 전혀 동떨어진 꿈을 꾸는 게 그것이다. 예컨대 부자가 되고 싶다면서 가진 돈을 털어 복권만 산다면 어떨까. 벼락 맞을 확률보다 적다는 복권 당첨의 확률에 인생의 꿈을 걸며 자원을 낭비하는 것은 무모하고 허황되기 짝이 없다.

선명하고 의미 있는 꿈은 다르다. 이는 인생의 방향을 설정해주고 쓰러져도 다시 일어날 용기를 준다. 제대로 된 꿈을 찾으면 자신의 일이나 행동이 지닌 가치를 이해하고 완성해나가는 기준이 생기게 된다. 꿈은 기다리는 것이 아니라 찾는 것이며, 찾아지지 않으면 스스로 꿈을 만들어야 한다.

미국 하버드 대 경영대학원 교수를 지낸 마크 알비온Mark Albion은 '꿈과 돈에 대한 사람들의 생각이 실제로 어떤 결과를 가져오는가'에 대한 재미있는 연구를 했다. 1960년부터 1980년까지 경영학 석사MBA 출신 1500명을 A, B그룹으로 나눠 이들의 성공여부를 추적한 것으로, 이 연구 결과는『메이킹 어 라이프, 메이킹 어 리빙Making a life, making a living』이란 책에 소개됐다. A 그룹은 '돈을 먼저 벌고 나서 정말 하고 싶은 꿈을 나중에 이루겠다.'는 생각을 하고 있었고, B 그룹은 '처음부터 하고 싶은 일을 하겠다, 꿈을 추구하다 보면 돈이 따라오는 것은 자연스러운 결과'라고 응답했다. A 그룹은 전체 조사자 중 약 83% 인 1,245명이고 B 그룹은 약 17%인 255명에 불과했는데 20년 뒤 조사 대상자 가운데 101명의 백만장자가 나왔다. 흥미로운 결과는 A 그룹에서는 백만장자가 단 1명뿐인데 비해 B 그룹에서는 무려 100명의 백만장자가 탄생했다는 것이다.

이 사례는 경제적인 목표와 꿈과의 우선순위 문제, 그리고 어떻게 해야 정말 꿈과 부를 함께 이룰 것인가 하는 두 가지 문제를 생각하게 해준다. 사람이 경제적인 목표를 무시해서는 생존할 수가 없다. 그러나 그것을 최우선으로 생각하고 나머지를 미룰 경우 꿈은 멀어질 수밖에 없다. 중요한 것은 현실과 꿈의 적절한 조화다. 나와 내 가정을 위해 경제적인 활동을 하면서, 자투리시간을 쪼개어 꿈에 투자할 때 우리는 두 마리 토끼를 잡는 기적을 이룰 수 있다. 현실과 꿈 어느 한쪽에 좀 더 치우칠지언정 결코 놓치지 않는 자세, 바로 그것이 꿈과 부를 함께 이뤄주는 열쇠인 것이다.

또한 높은 목표를 달성하려면 간절한 바람이 잠재의식에까지 미칠 정도로 곧고 강해야 한다. 주위의 시선에 우왕좌왕하지 말아야 한다. 하고 싶다면, 하고자 한다면 무슨 일이 있어도 그 길을 가겠다고 다짐하라. 그리고 이를 이룰 수 있다고 굳게 믿어라. 그런 간절함이 없다면 처음부터 꿈도 꾸지 마라.

When there is a will there is a way. 뜻(꿈)이 있으면 길(방법)을 찾아낼 수 있다.

확실한 뜻이 있는 자는 반드시 그 뜻을 달성한다.(有志者事意成也, 유지자사의성야.)

끌어당김의 법칙은 간절하고 의미 있는 꿈은 이루어진다는 의미이다. 그러나 누구나 원하는 것을 모두 가질 수는 없으며 원하는 것을 가지려면 그만한 대가를 지불해야 한다. 세상에 공짜는 없으며 3년의 법칙부터 10년의 법칙, 20년의 법칙이 존재한다. 이 세상 사람들은 모두 다른 외모와 성격, 역량을 갖고 태어나며, 각자 맡은 역할이 따로 있고 꿈과 소망도 다르지만 원하는 것을 얻기 위해서는 그만큼 포기하거나 치러야 할 대가가 있다는 것은 동일하다. 내가 통제할 수 있는 것은 나 자신밖에 없다. 10년의 법칙이나 1만 시간의 법칙은 임계지수가 된다. 이 임계지수까지는 도달해야 폭발적인 성과가 나온다.

나의 과거, 현재, 미래 그려보기

자기 자신에 대해 생각만 하는 것과 글로 정리해 보는 것은 많이 다르다. 훨씬 더 생각을 정리할 수 있으며, 더 깊게 사색해볼 수 있다. 또한 타인의 시선에 매이지 않는 오롯이 진정한 나 자신을 그려볼 수 있다. 스스로가 어떤 사람이냐에 대해 각자 자신만의 생각이 있다. 자기 자신이 누구인지 알아야 한다. 조용한 가운데 어떠한 시선이나 관점에 영향을 받지 않는 나를 발견하기 바란다.

'과거의 나'

과거의 나를 적어본다. 실제로 일어난 일을 바꿀 수는 없지만 우리는 그것을 매번 다르게 기억한다. 우리는 언제나 현재의 욕구를 충족하기 위해 우리의 과거를 재창조한다. 자신의 과거 속 파편을 제대로 떠올릴 때 현재의 관계를 새롭게 창조할 수 있다.

'과거의 나'를 적어본다	
내가 어릴 때 가장 그리운 것은?	
내 첫 친구는 누구인가?	
내 첫 사랑은 누구인가?	
내 첫 직업은 무엇인가?	
내가 어른이 되었던 나이는?	
내가 가장 힘들었던 일은?	
내가 한 가장 미친 짓은 무엇인가?	
내 인생에 가장 큰 영향을 준 사람은?	
내 인생의 가장 큰 전환점은?	

'현재의 나'

현재의 나를 적어본다. 모든 역사가 발생했던 순간은 그 당시의 기준으로 현재였다. 모든 것은 현재 안에 포함되어 있으며 현재가 없으면 아무것도 없다. 모든 사람은 그 순간을 위해 살기를 원한다.

'현재의 나'를 적어본다	
현재 내가 하고 있는 가장 중요한 일?	
내 이름을 바꾼다면 그 이름은?	
내가 돈을 써도 아깝지 않은 것 하나?	

나에게 가장 소중한 사람 한 사람은?	
집에 불이 나면 꼭 챙길 물건 3개는?	
나를 있게 한 가장 중요한 충고는?	
내 인생을 영화로 만든다면 제목은?	
내 인생을 잘 나타내는 노래 제목은?	
내 삶이 6개월 시한부라면 뭘 할까?	

'미래의 나'

미래를 예측하기 위해서는 자신에 대한 막연한 환상을 가져야 한다. 미래의 내 모습은 현재의 연속선상에 있다.

'미래의 나'를 적어본다	
미래에 직업을 바꾼다면 어떤 일을?	
은퇴하고 나면 하고 싶은 일은?	
내가 남길 유산은 무엇일까?	
부모님과 함께 꼭 하고 싶은 것?	
내 아이들과 함께 꼭 하고 싶은 것?	
꼭 가보고 싶은 장소 세 곳?	
꼭 읽고 싶은 책 세 권?	
꼭 먹어보고 싶은 음식 세 가지?	
꼭 갖고 싶은 것 세 가지?	

무엇을 이루고 싶은가?

위의 표는 개인의 사명, 가치관, 비전, 경력목표, 실행전략에 대한 간단한 체계도 모형이다. 꿈이나 상상, 희망 등은 현실적으로 이루어지지 않을 수 있다. 그것이 사명으로 내려오면 일생을 통해서 내가 해야만 하는 임무로 자리매김한다. 가치관은 삶에 대한 근본적인 태도 또는 나의 장점이라고 할 수 있다. 비전은 기한이 정해진 꿈으로써 나의 장래 모습이 될 수 있다. 경력목표는 장단기로 나누어질 수 있으며 실현 가능한 꿈이 구체화되는 과정이다. 실행전략은 목표를 달성하기 위한 비교적 단기간에 이루어야 할 것으로 구성된다.

이러한 체계도는 인생을 전체적으로 바라볼 수 있는 조감도 역할을 한다. 꿈, 사명, 가치관은 인생의 장기적인 계획표가 된다. 비전과 장단기 경력목표는 중기적인 계획표이며, 실행전략은 단기적인 계획표가 된다. 따라서 간단하게 목표와 행동으로 단순화할 수도 있다. '내 인생의 목표는 무엇인가? 그 목표를 달성하기 위해서 어떤 행동을 할 것인가?'로 도식화하는 것도 가능하다. 그럼에도 조금 복잡한 체계도를 제시한 것은 인생의 큰 그림big picture과 디테일detail이 함께 필요하기 때문이다. 꿈, 사명, 가치관의 큰 그림은 비전과 장단기 경력목표의 중간그림과 실행전략의 디테일이 뒷받침되어야 완성된다. 다음의 표를 참조하면 된다.

Life Design Chart System

1. 슬로건(Slogan)

- 나를 잘 나타내는 좌우명이나 가훈을 슬로건 형태로 만든다
- 나의 브랜드 포지셔닝 및 차별화 포인트를 창출하는데 있어서 아주 중요한 역할을 수행하는 개인브랜드 아이덴티티 요소(Personal Brand Identity)
- 예: Dream Navigator

2. 미션(Mission)

- 자신의 삶에 있어서 사랑과 행복을 추구하는 변하지 않는 진리
- 무엇을 해야만 하는가? (What we should do)
- 예: 나의 사명은 개인 행복과 조직성장을 지원하는 미래지향적인 Navigatorship 전도사가 되는 것이다

3. 비전(Vision)

- 미션을 이루기 위해 실제로 행동하여 달성하기 위한 세부목표
- 언제까지 무엇이 되고 싶은가?(What we want to be in the future)
- 예: 2027년까지 내비게이터십 재단을 설립한다

4. 가치관(Value)

- 본인이 가지고 있는 핵심적인 행동근거, 장점 등
- 본인이 인생을 살면서 버리지 말아야 할 키워드
- 예: 도전, 열정, 창의, 실행 등

5. 경력목표(Goal)

- 본인이 이루고자 하는 장단기적인 목표(직업, 경력)
- 이를 통해서 미션과 비전을 달성할 수 있는 중간 단계임
- 예: 박사, 방송진행자, 작가, 명강사 등

6. 실행전략(Strategy)

- 인생의 미션과 비전, 가치관과 경력목표를 달성하기 위해 추구해야 할 기본 방침
- 한 개일 수도 있고 여러 개일 수도 있음
- 예: 내비게이터십 책 출간 등

내가 닮고 싶은 사람

내 삶의 멘토

내가 가장 닮고 싶고 멘토로 삼고 싶은 사람은?

그 사람(멘토)의 어떤 부분이 나에게 영향을 주었는가?(존경하는 이유)

그 사람(멘토)을 닮아가려면 나는 어떤 점을 개발하거나 고쳐야 할까?

그 사람(멘토, 롤모델)의 연락처를 적고 만날 약속을 정한다.

멘토mento란 말은 그리스 신화를 바탕으로 한 호메로스의 대서사시 '오디세이아'에서 유래했다. 고대 그리스 이타카 왕국의 왕 오디세우스가 트로이 전쟁에 출전하면서 자신의 아들을 가장 믿을 만한 친구인 '멘토르'에게 부탁한다.

멘토르는 오디세우스가 전쟁을 마치고 돌아오기까지 10여 년의 기간 동안 왕자에게 스승이자 친구, 아버지이자 상담자의 역할을 하며 그를 매우 훌륭한 어른으로 성장시킨다. 이후에 멘토라는 이름은 지혜와 신뢰로 누군가의 인생을 이끌어주는 사람이라는 뜻으로 사용되었다.

이 세상은 누군가의 도움을 받고 나도 누군가에게 도움을 주며 살아가게 되어 있다. 멘토는 학교 선생님일 수도 있고 선배일 수도 있으며 운이 좋으면 아버지나 어머니일 수도 있다. 나보다 한참 나이가 어린 사람일 수도 있고 아예 사람이 아닌 동물이거나 무생물일 수도 있다. 세상 만물이 모두 멘토가 될 수 있다. 인생을 깨우쳐줄 수 있다면 멘토이다.

인생항해는 쉽지 않은 길이다. 맘먹은 대로 살아지는 것도 아니다. 우리의 삶에서 멘토가 필요한 이유는 어느 누구도 배우지 않고는 살고 싶은 인생을 살 수 없기 때문이다. 풍부한 경험과 혜안을 갖춘 사람의 지도와 조언은 인생항해에서 난관을 극복하는 지혜를 제공해준다. 새로운 목표를 설정하거나 방향을 정할 때 멘토의 적절한 조언 한마디는 나침반과 내비게이션이 될 수 있다.

어떤 인생을 살고 싶은가?

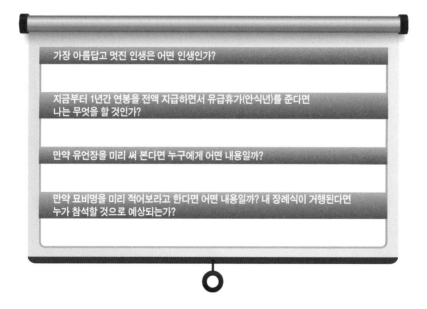

가장 아름답고 멋진 인생은 어떤 인생인가?

지금부터 1년간 연봉을 전액 지급하면서 유급휴가(안식년)를 준다면
나는 무엇을 할 것인가?

만약 유언장을 미리 써 본다면 누구에게 어떤 내용일까?

만약 묘비명을 미리 적어보라고 한다면 어떤 내용일까? 내 장례식이 거행된다면
누가 참석할 것으로 예상되는가?

'나의 가장 아름다운 인생은 어떤 모습일까?'라고 질문하는 이유는
인생은 단 한 번뿐인 항해이기 때문이다. 아름답고 멋진 인생을 살려

면 어떤 인생이 가장 아름답고 멋진 것인지 정리해봐야 한다. 얼굴 모양이 각양각색이듯 아름다운 인생에 대한 생각도 사람마다 다 다르다. 직장생활이든 자기 사업이든 현대인들은 바쁘게 살다 보니 자신을 돌아보거나 미래를 설계할 시간과 기회가 없다. 때문에 일부러라도 그럴 시간을 만들어야 한다.

여행을 하면서, 조용한 산골에서, 시원한 바닷가, 아니면 집에서 홀로 조용한 가운데에서 자신과 진지하게 대화하여 내가 살고 싶은 인생의 모습을 그려보아야 한다. 근래 들어 유언장을 미리 적거나 묘비명을 적는 것이 유행한 것도 인생을 제대로 살아갈 수 있도록 다짐하는 효과 때문이라고 한다.

나는 어떤 인생을 살고 싶은지 질문해봐야 한다. 세상을 떠나는 날 인생이 참으로 아름다웠노라고 회상에 잠길 수 있는 준비를 해야 한다. 유언장과 묘비명을 미리 적어보는 것은 앞으로 내 인생이 그렇게 될 것을 예언하는 것이다. 돈키호테Don Quixote의 외침처럼 '이룰 수 없는 꿈을 꾸고, 이루어질 수 없는 사랑을 하고, 싸워 이길 수 없는 적과 싸움을 하고, 견딜 수 없는 고통을 견디며, 잡을 수 없는 저 하늘의 별을 잡자.' 이룰 수 없는 큰 꿈을 꾸는 것이 꿈의 원칙이다. 항상 간극이 남아야 노력하고 도전의식이 생긴다.

나의 좌우명은?

나의 좌우명은 있는가?
나의 좌우명을 만들어 본다

_____

_____

_____

_____

_____

　좌우명座右銘이란 늘 자리 옆에 적어놓고 자기를 경계하는 말 또는 가르침으로 삼는 말이나 문구를 말한다. 좌우명을 만든다는 것은 흔들릴 때 한 번씩 자신을 돌아보기 위함이다. 좌우명이란 말은 후한後

漢의 학자 최원(崔瑗, 78~143)의 〈문선〉文選에 실린 '좌우명'이란 글에서 비롯됐다고 한다. 최원은 어려서부터 배움에 뜻을 둬 18세 때 낙양洛陽으로 유학을 떠난다. 그곳에서 천문天文과 역서曆書를 익혔고, 경방京房의 주역周易을 배웠다. 특히 글을 잘 지었고 서예에도 능통했다. 그러나 형인 최장崔璋이 타살당하자 분노를 참지 못하고 직접 나서 원수를 죽였다. 그 후 관아의 추적을 피해 숨어 지내며 유랑생활을 해야만 했다. 다행히 몇 년 뒤 조정의 사면을 받아 고향에 돌아왔다.

그는 자신의 살인행위를 깊이 뉘우치고 덕행을 기르고자 글 한 편을 지었다. 이 글을 명문으로 만들어 책상머리맡에 두고 시시각각 자신의 언행을 경계했는데, 이 문장을 '좌우명'이라 칭한 것이다. 과거에는 지금과 달리 책을 오른쪽에서 왼쪽으로, 위에서 아래로 읽었기 때문에 오른쪽이 시작 부분이 된다. 그래서 책을 읽거나 문장을 쓸 때에도 늘 오른쪽부터 시작했다. 좌우명의 의미는 책상 머리맡에 두고 늘 바라보는 문장이라고 하는 편이 정확할 것이다.

퇴계 이황은 유학의 경전 중에서 3언 12자를 뽑아서 정성껏 써서 벽에 붙여놓고 늘 보았다고 한다.

思無邪 愼其獨 無自欺 毋不敬(사무사 신기독 무자기 무불경)

해석을 하면 "생각에 삿됨(사악하고 간사한 것)을 없애고, 그 홀로 있는 자신을 조심시키며, 스스로를 속임이 없으면, 공경하지 않을 일이

60

없다."는 의미이다.

　좌우명은 자신이 살고 싶은 대로 만들면 된다. 힘들고 흔들릴 때마다 중심을 잡아줄 문장이나 단어가 좋다. 좌우명을 정하기 어렵다면 다른 사람의 좌우명을 참고해서 일부를 변형시켜 사용하면 된다. 다음은 참고할 만한 좌우명을 모아본 것이다.

- 옳지 못한 부귀는 뜬구름과 같다
- 공명정대하게 살자
- 분수를 알고 일을 즐긴다
- 덕을 숭상하며 사업을 넓혀라
- 수신제가치국평천하
- 한 번 사람을 믿으면 모두 맡겨라
- 인화人和가 제일 중요하다
- 남과 같이 돼서는 남 이상 될 수 없다
- 모르는 사업에는 손대지 말라
- 스스로 쉬지 않고 노력한다
- 차라리 책과 더불어 살 수 있는 거지가 더 낫다
- 의가 아닌 것을 취하지 말라
- 자신이 하고자 하는 일이 있다면 끝까지 완수하자
- 정성이 지극하면 하늘도 감동한다
- 크고자 하거든 남을 섬겨라

- 경청

- 덕은 외롭지 아니하고 반드시 이웃이 있다

- 우주는 무한하고 인생은 짧다

- 나의 발자국이 뒷사람의 이정표가 되리라

- 약속은 꼭 지킨다

- 계획은 멀리 보되 실천은 한 걸음부터

- 단순한 것이 최고다

- 넓고 깊게 안다

- 모든 일은 즐겁게 하는 것이 제일이다

- 지고 이겨라

- 세 사람이 가면 그중에 반드시 나의 스승이 있다

- 기본에 충실하자

- 가는 곳마다 주인이 되어라

- 살아 있는 물고기는 물을 거슬러 헤엄친다

- 매 순간 최선을 다해 열심히 살자

- 독수리는 조는 듯이 앉아 있고 호랑이는 앓는 듯이 걷는다

- 남을 대할 때는 봄바람처럼 따뜻하게 하라

- 꿈꾸는 자만이 자유로울 수 있다

- 범사에 감사하라

- 모든 사람에게 배울 점이 있다.

강점(장점)과 약점(단점)

나의 강점(장점)과 약점(단점)	
나의 강점(장점) List	나의 약점(단점) List

내가 생각하는 강점(장점)과 약점(단점)을 적어본다. 강점(장점)은
말 그대로 남들보다 잘하거나 뛰어나다고 생각하는 점을, 약점(단점)

은 남들보다 잘 못 하거나 떨어진다는 점을 말한다. 강점은 누구나 자랑스레 여기지만 의외로 이것이 스스로를 옥죄는 가장 치명적인 약점이 될 수 있다. 예컨대 강점을 너무 뽐내다가 다른 이들에게 상처를 주거나 중요한 점을 놓쳐서 실수하게 되었다면 이는 오히려 약점으로 작용해서 나에게 치명타를 줄 수도 있다. 반대로 내가 생각하는 약점이 다른 사람은 결코 가질 수 없는 나만의 강점이 될 수도 있다. 자신이 장점이 없다고 생각해서 늘 겸손한 태도를 취하는 사람이 있다면, 그는 그 태도로 인하여 칭찬받는 사람이 될 수 있는 것이다.

무엇이든 더하기(+)가 있으면 빼기(-)도 있는 것이 세상의 법칙이다. 코끼리는 몸무게가 5톤이나 되니 작은 동물들의 부러움을 살 수 있겠지만, 그 몸무게 때문에 1시간 이상 누워 있지 못한다. 몸무게 때문에 폐가 영향을 받아 숨쉬기가 곤란해지기 때문이다.

행복한 성공을 위해서는 자기가 이미 가지고 있는 강점을 인식하고 그것을 계발하기 위해 돈과 열정, 시간과 영혼을 투자하는 것이다. 반면에 약점(단점)은 이를 보완할 수 있도록 지속적인 노력을 해야 한다. 이러한 노력을 아끼지 않는다면 언젠가 그로 인하여 정상에 우뚝 설지도 모를 일이다.

최고의 지휘자인 토스카니니Arturo Toscanini는 탁월한 기억력을 가졌다고 한다. 그는 아무리 까다롭고 복잡한 악보라도 모두 통째로 외워 버렸다. 그가 악보를 이렇게 외워야 했던 이유는 악보대 위에 놓인 악보를 볼 수 없는 지독한 근시 때문이었다. 그는 원래 첼로 연주가였다. 그런데 어느 날 교향악단의 지휘자가 갑자기 병원에 입원하게 되

었고, 단원 가운데 유일하게 곡의 전체를 외우고 있던 토스카니니가
지휘를 하게 되었다. 이후 그는 최고의 지휘자로 거듭났다. 악보를
볼 수 없는 약점이 악보를 통째로 외우게 만들었다. 부족함이 반드시
나쁜 것이 아니다.

되고 싶은 것, 하고 싶은 것, 갖고 싶은 것

되고 싶은 모습, 하고 싶은 일, 갖고 싶은 것(Be Do Have)	
나를 위해서	가족, 조직, 사회를 위해서

되고 싶은 것, 하고 싶은 것, 갖고 싶은 것. 나는 이것을 드림리스트라고 부른다. 자신이 꼭 해보고 싶은, 가슴 뛰는 일을 모두 적어보는

것이다.

되고 싶은 것: 어떤 사람이 되고 싶으십니까?

(예: 관대한, 열정적인, 유머러스한, 열심히 노력하는, 책임감 있는 등)

하고 싶은 것: 당신의 인생에서 하고 싶은 것은 무엇입니까?

(예: 세계여행, 박사 학위 취득, 봉사활동, 극빈자를 위한 안식처 찾기 등)

갖고 싶은 것: 당신이 인생에서 갖고 싶은 것은 무엇입니까?

(예: 페라리, 아파트, 전원주택, 건강, 날씬한 몸 등)

이렇게 되고 싶은 것, 하고 싶은 것, 갖고 싶은 것을 적어보는 이유는 목표를 설정하고 그 목표를 달성하기 위해서 스스로 방법을 찾아내기 위해서이다. 생각만 하던 것을 적으면 정리가 될 뿐만 아니라 반복해서 읽어보고 그에 대한 관심을 가짐으로써 성취해낸 목록으로 하나씩 바꾸어갈 수 있다.

성공에 관련된 자료를 보면 미국 사람들의 97%가 자기 인생의 목표를 종이에 적어본 적이 없고 머릿속으로만 생각하고 있으며, 단지 3%만이 자기 인생의 목표를 구체적으로 적어 놓았다고 한다. 외국의 사례뿐 아니라 실제 교육이나 강의를 다녀 보아도 참석한 사람들 중 꿈이 있다고 하는 사람은 얼마 되지 않는다. 더구나 구체적인 목표로 정해 놓고 실제로 실천하는 사람은 3% 미만이다. 게다가 현재의 생활이 그 목표를 이루기 위한 생활이라고 답한 사람은 1% 미만이다.

명확한 목표는 스스로를 변화시키는 강력한 동기부여 요인이다. 분명한 목표가 있는 사람은 조금의 망설임도 없으며 거침없이 자기의 목표를 적고 말할 수 있다.

『종이 위의 기적 쓰면 이루어진다』라는 책을 쓴 클라우저 Henriette Anne Klauser는 "삶은 당신이 기록한 대로 펼쳐진다. 내가 할 수 있었으니 당신도 할 수 있다. 가장 중요한 것은 믿음이다. 종이와 펜을 잡고 일단 쓰기 시작하면 머지않아 당신은 당신이 바라는 대로 진짜 그렇게 된다."라고 하였다. '적자생존의 법칙'도 있다. 다윈이 얘기하는 적자생존適者生存이 아니라 글로 적는 사람이 살아남는다는 원칙을 재능대학의 양병무 교수는 적자생존이라고 했다.

열정을 쏟아 부어서 적은 메모 한 장, 글 한 줄은 물론이거니와 무의식중에 적어봤던 몇 자의 단어들에도 모두 에너지가 담겨 있다. 그 에너지가 결국 사람과 세상을 움직이게 된다. 그래서 강력한 열망을 담은 메모 하나로 미래를 바꾸고 운명을 바꾼 사람들이 있는 것이다. 영화 한 편당 2천만 달러라는 어마어마한 출연료를 받는 영화배우 짐 캐리도, 세계 2,000개 이상의 신문에 '딜버트' 만화를 연재하는 스콧 애덤스 Scott Adams도 모두 종이에 소원을 쓰는 것으로 인생을 바꾸는 마법을 실제로 만든 사람들이다.

미리 정해진 운명이 50%라면 내가 꿈꾸는 대로 이루어지는 것도 50%가 된다. 꿈은 큰 설계도이면서 목적지다. 내 인생을 책임지고 있는 것은 세상이 아니라 바로 나 자신이다. 설사 정해진 사주팔자四柱八字인 운명이 있다고 하더라도 이는 50%만 영향을 미치니 내 노력으로 50%는 바꿀 수 있다. 지성이면 감천이라 하지 않는가. 큰 꿈을 꾸고 그 꿈을 이루기 위해서 자신의 모든 것을 다 바친다면 꿈은 이루어진다. 절대로, 절대로, 절대로 포기하지 말라는 처칠의 가르침과 같이 오르지 못할 나무는 사다리라도 놓고 올라야 한다.

　자신이 정한 길을 따라 뒤돌아보지 말고 밀고 나가라. 나중에 후회되는 일이 없도록 매 순간 최선을 다해 노력하라. 결코 포기하지 않는 희망이 자신을 지탱한 가장 순수한 힘이자 진짜 기회다. 꿈은 진정한 삶의 원동력이다. 그리고 쉼 없이 노력하고 도전하라.

꿈을 이루기 위한 행동 단계

1. 지금부터 10년 이내에 만들어내고 싶은 선명하고 의미 있는 꿈을 하나만 적는다면?

2. 꿈을 만들기 위해서 내가 투자할 수 있는 자원(재능, 능력, 지식, 자금, 관계 등)은 무엇인가?

3. 꿈이 만들어진 것을 축하하기 위해 친구들이 축하행사를 준비했다. 나의 답사는 어떤 말일까?

4. 만약 TV, 인터넷, 잡지, 신문에 기사화되면서 인터뷰를 요청한다면 어떤 말을 할까?

5. 꿈을 만들고 싶은 다른 사람에게 의미있는 조언을 해 준다면 어떤 내용일까?

6. 그러면 그 꿈을 이루기 위해서 가장 먼저 시도해야 하는 행동은 무엇인가?

마무리 멋진 꿈을 꾸고 이를 적어놨다고 하더라도 정말 이루기 위해서는 자신이 가지고 있는 자원을 찾아서 투자해야 한다. 꿈을 위해서 내가 해야 하는 일, 투자해야 할 것들을 구체적으로 적어보자. 이것이 뒷받침되지 않으면 꿈은 머릿속 상상에 지나지 않는다.

또한 꿈이 이미 이루어졌다고 상상하고 축하행사를 열고 답사를 준비하는 것은, 꿈을 이루고자 하는 욕망을 더욱 촉진하는 효과가 있다. 마음에 긍정적인 에너지를 만들어 의욕을 북돋울 수도 있다. 다른 사람에게 꿈을 이루기 위한 조언을 생각해보면, 그것이 바로 자신에게도 해당되는 말임을 알 수 있을 것이다.

사명선언서 작성하기

사명선언서(mission statement)는 자신이 살아가야 하는 의미와 목적에
대한 자신의 견해(나의 존재 이유)를 간결하게 나타낸 문장이다.
(내가 세상에 태어난 이유는 무엇일까?)

나의 사명은 (   )을 바탕으로 (   )을
이루어서 (   ) 세상을 만드는 데 있다.

자신의 사명선언서를 작성해본다. 첫 줄에는 자신이 갖고 있는 장
점을 키워드 위주로 나열한 후 둘째 줄에는 내가 하고 싶은 의미 있고

가슴 뛰는 일을 적고 셋째 줄에는 내가 만들고 싶은 세상을 적는다. 그리고 이를 종합해서 2줄 이내의 사명선언서를 작성한다.

사명선언서mission statement는 자신이 살아가야 하는 의미와 목적에 대한 자신의 견해를 간결하게 나타낸 문장이다. 자신이 꿈꾸는 목표를 글로 표현하면서 스스로 작성한 꿈의 나침반이다. 자신이 가고자 하는 삶이 투영되어 있기 때문에 사명선언서의 글자가 연상시키는 영상들이 큰 의미가 있다. 그 영상이 거듭 반복되면 우리의 뇌는 그것이 당연하고 자연스러운 것으로 받아들이게 된다. 그러면 그에 맞는 행동이 나타날 수 있다.

누구나 일생 동안 "내가 세상에 태어난 목적은 무엇일까?"라는 고민을 하지만 실제로 글로 적어놓지는 않는다. 이러한 사명은 의사결정을 하고 행동을 선택하는 데 있어서 지침이 된다. 하나의 연결 체계로 정리하면 "사명-비전(다짐)-장단기 목표-계획과 실행"이며 사명은 이러한 연결체계에서 최상위에 위치한다. 경우에 따라서는 이 모든 것이 하나의 꿈으로 통합되기도 하고 하나의 목표로 정리되기도 한다. 그러나 사명-비전-장단기목표-계획과 실행으로 구분해서 자신의 꿈을 그려보는 그림이 더욱 선명하다.

사명 : 일생의 임무

비전 : 기한이 정해진 꿈

장단기목표 : 10년 정도에 이루어야 할 일

計劃과 실행 : 1년 정도에 이루어야 할 목표

사명이란 흥미나 바람, 목표라는 이름을 가진 형형색색의 날실과
씨실로 짜여 진 직물에 비유된다. 자신의 사명에 따라 살아간다면 "아
침에 일어날 때면, 너무나 흥분되어 아침식사를 할 수가 없다."라고
한 스티븐 스필버그감독의 말을 이해할 수 있다. 인생항로를 바꾸고
인생의 보물을 찾으려면 자신만의 사명선언서를 작성하고 이를 공표
해야 한다. 사명선언서는 개인헌법이라고 할 수 있으며 확고한 가치
관과 비전의 또 다른 표현이다. 따라서 사명선언서는 깊은 성찰과 자
기분석을 통해서 차분하게 만들어야 하며, 여러 차례 고쳐 써서 완성
해야 한다. 사명선언서의 내용에 진정으로 만족하게 되고, 이것이 나
의 내면의 중요한 가치와 방향을 완전히 집약해서 표현될 때까지는
몇 달 혹은 몇 년의 작성기간이 걸릴 수도 있다.

1년간의 목표 적어보기

1년 동안 나를 위해서 다음의 이벤트를 진행한다	
이벤트 목록	구체적인 방법
1.	
2.	
3.	
4.	
5.	
6.	
7.	

앞으로 1년 동안 시도해볼 단기적인 목표를 정리해본다. 사명과 가
치관이 정해졌더라도 장단기목표를 세우지 않았다면 중간지점이 없

는 여행과 마찬가지로 방향을 잃어버릴 수 있다. 또한 장단기목표와 함께 구체적인 실행목록Do list을 작성하고 이를 확인해야 한다. 목표는 실현되는 날짜가 정해진 꿈으로써 개인이나 조직이 원하는 상태나 성과를 말한다. 구체적인 목표가 있는 사람은 지금 현재 가장 필요한 행동이 무엇인지 빨리 찾아내고 실행에 옮기며, 실행방법도 보다 효율적으로 개선시킨다. 또 그들은 부정적인 고민에 빠져 있을 시간이 없으며 각종 어려움도 더 나은 미래를 위해 충분히 이겨낼 수 있다. 자신이 원하는 결과를 얻기 위해 일하고, 학습하고, 시간을 투자한다.

반면에 구체적인 목표가 없는 사람들은 무슨 일이든 오래 지속하지 못하고 의욕도 없으며 항상 부정적인 말을 쏟아낸다. 아무리 좋은 방법을 알려줘도 실행에 옮기지 못한다.

미래의 방향을 정해주는 것은 각자가 품는 꿈과 사명, 가치관과 비전이며 그리고 그 꿈에 도달하게 하는 중간기지가 장단기목표다.

목표는 행동을 결정짓고 움직이게 하는 중요한 요인이다. 잠재의식 속에 분명하게 자리 잡은 목표는 시간이 지날수록 마음과 행동을 서서히 그 목표를 향하여 진행시킨다. 인간은 자기 암시에 강한 동물이다. 높이뛰기 연습을 할 때 못 넘는다고 생각하면 그 높이를 절대로 못 넘으며, 불행해진다고 생각하면 반드시 불행해지는 것이 인간이다. 때문에 항상 긍정적 암시를 하는 것이 좋은데, 목표는 이에 가장 적합한 형태이다.

대부분의 사람들은 지도와 나침반도 없이 낯선 세계를 여행하듯 대충 살아간다. 산더미 같은 일에 파묻혀 있다 보면 시간은 하염없이 흐르고 늘 불만이 가득하다. 그와는 달리 성공한 사람들은 모두 목표 지향적이다. 그들은 원하는 바를 알고 있으며, 하루하루 그것을 이루는 데 전념한다. 목표가 없으면 삶의 풍랑 속에서 표류할 수 있지만, 목표가 있으면 마치 화살처럼 표적을 향해 곧장 날아간다. 특히 좋은 목표는 성공을 부르는 창의적인 아이디어와 정신적 에너지를 해방시킨다.

글로 작성된 목표는 더욱 강력하다. 소프트뱅크 손정의 회장의 목표 달성은 좋은 사례다.

"우선 20대에 내 자신의 분야에서 이름을 얻고, 30대에는 최소한 현금 1천억 엔 정도의 자금을 모아, 40대에 정면승부를 건 뒤, 50대에 사업을 완성한다. 그리고 60대에는 후계자에게 경영을 완전히 물려준다."

1957년생인 손정의 회장은 자신의 목표를 차근차근 달성해 가고 있다. 이처럼 목표는 단순하고 구체적인 목표, 특정가능하고 의미 있는 목표, 현실적으로 성취 가능한 목표, 합리적이며 책임질 수 있는 목표, 시한을 정하여 설정되는 목표가 되어야 한다. 이를 목표설정의 SMART 원리라고 한다.

1. Simple&Specific: 단순하고 구체적인 목표

2. Measurable&Meaningful: 측정가능하고 의미 있는 목표

3. Achievable: 현실적으로 성취 가능한 목표

4. Reasonable&Responsible: 합리적이며 책임질 수 있는 목표

5. Timed: 시한을 정하여 설정되는 목표

일본의 뇌과학 전문가가 말하는 목표달성법으로 '작심삼십일作心三十日'이 있다. 일본 도쿄 대 대학원 교수로서 뇌과학 전문가인 이시우라 쇼이치는 "자신의 삶을 개선시키기 위해 스스로 약속한 일을 이루려면 뇌의 구조를 변화시켜 습관을 바꿔야 한다."면서 "뇌의 구조를 바꾸는 일은 3일로는 안 되고 30일간의 지속적 반복, 즉 '작심삼십일'이 필요하다."고 강조했다. 예컨대 금연 성공을 위해서는 최소한 30일의 계획을 세우는 것이다. 담배와 관련된 뇌의 구조를 바꾸기 위한 단백질 합성과 구축에 필요한 시간이 30일 정도 되기 때문이다. 쇼이치 교수는 '꿈이 이뤄지는 시간 30일'을 통해 사람이 어떤 목표를 세워서 한 달간 지속하면 그것과 관련된 뇌의 구조를 바꿀 수 있어서 큰 효과를 볼 수 있다고 주장했다.

한국에서도 꿈을 달성하기 위한 구체적인 장단기계획을 세우는 법을 이야기하는 사람들이 있다. 김수영 님의『드림레시피』라는 책에서 나온 '꿈을 이루는 6단계 액션 플랜'을 소개하겠다.

첫째, 가장 먼저 자신의 꿈 목록을 작성한다.

둘째, 스스로에 대한 자존감부터 세운다.

셋째, 무의식에 가지고 있는 두려움의 정체를 밝힌다.

넷째, 작고 구체적인 실천부터 시작한다.

다섯째, 실패를 당연히 겪어야 하지만 분명히 극복한다.

여섯째, 무엇보다 성공을 마음껏 즐기는 것이다.

　작은 목표부터 하나하나 현실로 만들고 시행착오를 겪으면서 꿈으로 한 발짝씩 다가가자. 중요한 것은 고민만 하기보다는 꿈 목록을 작성하고 내가 잘할 수 있는 것은 무엇인지, 나는 어떤 사람인지를 파악하면서 작은 실천부터 시작하는 것이다.

현재의 내 모습과, 1년 후의 내 모습의 차이는
내가 만나는 사람들과 내가 읽는 책의 수에 달려 있다.
— 헨리 존스 —

우리는 사람들에게 그 어떤 것도 가르칠 수 없다.
다만 그들이 자기 안에서 무엇인가를 찾도록 도울 수 있다.
— 갈릴레오 —

새는 알에서 나오려고 투쟁한다. 알은 세계이다.
태어나려는 자는 하나의 세계를 깨뜨리지 않으면 안 된다.
— 헤르만 헤세 —

Chapter 3

어떤 경로로 갈 것인가?
— 인생항해 두 번째
'실천방안 모색'

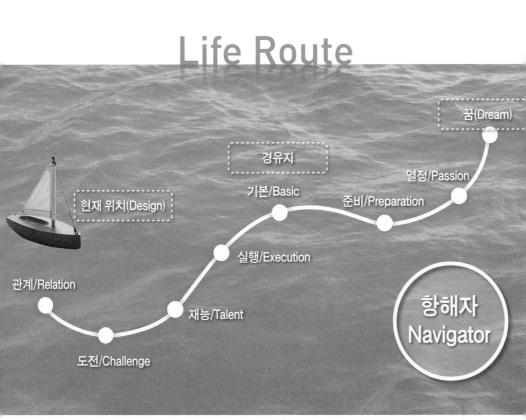

Life Route

꿈(Dream)

경유지

기본/Basic

열정/Passion

준비/Preparation

현재 위치(Design)

실행/Execution

관계/Relation

재능/Talent

항해자
Navigator

도전/Challenge

더불어 살고 있는가

양광모 시인은 인간관계에 있어서 '13579원칙'을 얘기했다. 하루에 3명과 만나고, 5명과 전화통화, 7명에게 이메일, 9명과 SNS를 통해 관계를 넓혀가는 것을 말한다. 관계의 13579원칙을 꾸준하게 반복하면 1년에 휴일을 제외한 200일 정도가 되므로 중복되는 경우도 있겠지만 1년으로 계산했을 때 약 600명을 만나고 1,000명과 통화, 1,400명과 이메일, 1,800명과 SNS를 주고받게 된다.

이렇게 많은 숫자의 사람들과 만날 수 있을까? 물론이다. '한 다리만 건너면 다 아는 사람이다'는 속담이 있다. 1967년 미국 사회심리학자인 밀그램Stanley Milgram은 네브래스카에서 보스턴으로 전하는 흥미로운 편지 릴레이 실험을 했다. 자신이 알고 있는 누군가에게 전달되고 전달된 결과, 편지들은 거의 목표인물에게 도착했다. 단지 여섯 번 만이었다. '여섯 단계의 분리'는 6단계를 거치면 누구나 아는 사람이라는 개념이다. 한 사람이 100명을 안다고 치면, 1단계는 100명, 2단계는 1만 명, 3단계는 100만 명, 4단계는 1억 명이라는 계산이 나온다. 이론적으로 중복된 사람을 빼도 대한민국 5천만 명은 4단계를 거치면 악수를 할 수 있다. '케빈 베이컨 게임'도 비슷한 경우다. 가급적 적은 수의 영화로 케빈 베이컨이라는 배우를 다른 배우와 연결시키는 게임이다. 찰리 채플린과는 고작 두 다리를 건너 닿고 대부분의 할리우드 배우는 다섯 다리 건너면 모두 만나게 된다. 모바일 SNS상에서는 한 다리만 건너면 다 아는 사람이 된다.

최근 들어 SNS가 발달하면서 트위터, 페이스북 등 소셜 미디어 안에서 새로운 방식으로 인맥이 형성되고 정보가 제공 · 공유된다는 '식스 픽셀 법칙six pixels of separation'이 등장했다. 이 모든 이론들을 통합하면 결국 현존하는 인류는 서로 온오프라인상에서 긴밀한 연결구조를 갖고 있다는 것이다. 때문에 나의 지인들을 도움을 받는다면 나의 인맥은 얼마든지 넓게 확장될 수 있다.

중요한 것은 이렇게 폭넓고 긴밀한 인간관계를 만들기 위해서는 꾸준해야 한다는 것이다. 휴일과 특별한 일이 발생한 날을 제외하고 다른 시간들을 꾸준히 관계를 확산하는 데 사용한다면 10년 후에는 많은 사람들과 좋은 관계를 형성할 수 있을 것이다.

왜 이렇게 인간관계에 노력을 기울여야 할까? 서로 기대어 있는 모습의 사람 인人자가 뜻하는 것처럼 공동체생활을 영위하고 있는 우리 인간은 혼자서는 결코 살 수 없고 누군가와 더불어 살 수밖에 없다.

이 경우 인간과 인간이 만남으로써 자연스럽게 발생되는 인간관계 human relations가 가장 중요한 핵심이 된다. 관계를 잘 맺기 위해 우리는 많은 시간과 물질을 투자한다.

다양한 인간관계 속에서 더 큰 시너지 효과가 나타날 수 있다. 인간관계는 되로 주면 말로 돌아오게 돼 있다. 조금 손해 본 듯 내가 더 많이 주는 것이 장기적으로는 이익이다. 성공한 사람들은 이미 이 법칙을 알고 실천하고 있다.

늘 친구가 모이고, 인연의 사랑방이 되는 사람들에겐 공통점이 있다. 바로 무엇이든 하나라도 더 퍼주고 싶어 하고 기꺼이 손해를 감수한다는 점이다. 자기가 투자한 것에 대해 100%, 120% 보장받으려고 욕심을 부리지 않는다. 조금이라도 손해를 보지 않으려고 하는 이들은 인연을 만들기는커녕 얕은 수에 걸려 오히려 더 큰 손해를 보기 십상이다.

그런데 관계가 맺어지는 과정에서 인간은 감정을 가진 동물이기에 자칫 마음이 상하고 심지어 회복할 수 없는 적대 감정까지 갖게 되는 경우가 종종 있다. 관계를 잘 맺는 비결은 상대방에게 몫인 50%를 인정하는 것이다. 상대방에 대한 기대감을 50%만 갖는다는 것이다. 특히 상대방의 입장과 처지를 헤아려주는 역지사지의 마음을 가져야 한다. 내가 100을 가지려면 상대가 0이 되어야 하는데 이는 불공정하다. 그렇다고 상대가 100을 가져가고 내가 0을 가지는 것도 인간사회에서 바람직하지 않다. 결국 상대도 살고 나도 사는 길은 서로가 양보

해서 50:50의 원칙을 지켜나가는 것이다.

물은 어떤 그릇에 담기느냐에 따라 모양이 달라지지만, 사람은 어떤 친구를 만나느냐에 따라 운명이 바뀐다. 인생은 관계에서 시작하고 관계에서 끝난다. 처음에는 누군가의 자식으로 태어나서(부모 · 자식 관계), 친구들을 사귀고(친구 관계), 직장생활을 하거나 사업을 한다(동료 관계). 결혼을 해서(부부 관계) 자식을 낳고(부모 · 자식 관계), 주변과 다양한 관계를 맺으며 살아간다. 인간 관계, 노사 관계, 남북 관계, 외교 관계 등 다양한 관계를 만드는 것이 인생항로이다. 이러한 관계는 상대가 있기 때문에 윈-윈win-win을 유지해야 한다. 상대도 살고 나도 사는 관계가 윈-윈 관계다.

우리 집 가훈 · 가족헌장은?

우리 집의 가훈은 무엇인가?
가훈(또는 가족헌장)을 만들어 본다.

_____

_____

_____

가훈은 한 집안의 조상이나 어른이 자손들에게 일러 주는 가르침
으로 한 집안의 전통적 도덕관으로 삼기도 한다. 집에 가훈이 있다면

가훈을 적고, 만약 아직 없다면 이 자리에서 가훈을 만들어 보자.

가훈, 가족헌장이라 하면 구시대의 유물 같은 느낌을 받는 사람들도 있을 것이다. 지금은 가훈을 가진 가정이 거의 없을 정도로 많이 사라져 버렸지만, 사람의 일생에 큰 영향을 미칠 수 있는 중요한 명제이다. 가족은 사람이 태어나 처음 만나는 공동체이자 죽을 때까지 함께 가는 유일한 공동체이기에 그 가정이 가진 철학은 그 사람에게 절대적인 영향을 미친다. 때문에 좋은 가훈, 가족헌장을 갖는 것은 무척 중요하다.

가족은 인간생활의 시작이고 종착점이고, 사회의 가장 기초가 되는 관계이다. 나의 운명과도 연결된 운명공동체이기도 하다. 개인-가족-조직-사회-국가-세계의 네트워크 속에서 가족 관계가 무너지면 모든 것이 무너진다. 가족 관계를 사랑과 믿음으로 공고히 하는 것이야말로 나를 이해하고 사랑하기 위한 첫걸음이다. 외부로부터 예기치 않은 풍랑이 불어 닥쳤을 때 서로 끊임없이 격려와 용기를 퍼부어주고, 넘어지려는 가족 구성원을 따뜻한 손길로 꼭 붙드는 일은 의외로 큰 힘을 발휘한다. 힘들수록 가족이 희망이다.

부대끼며 사는 세상에서 '가족'이라는 말처럼 살가운 말이 있을까. 아무리 서운한 일이 있어도, 설령 잘못한 일이 있어도 가족끼리는 애정으로 용서되곤 한다.

가족은 힘들고 어려운 일이 닥쳤을 때는 마음을 위로해 주는 비타민이 되어야 한다. '가족의 힘'은 지쳐 있는 사람에게 그 어떤 보약보다도 치유의 진가를 발휘한다. 세상이 어렵고 힘들수록 우리는 누군가의 격려와 응원이 필요하고, 그 누군가에 가족이 포함되었다면 더없이 행복하다. 가족이야말로 사람의 인생에 있어 최후의 보루가 되어야 한다. 예컨대 초등학교 운동회 달리기 경기에서 달리다 넘어져 쓰러졌을 때, 그래서 온통 울고 싶은 마음뿐일 때 아이는 자신을 바라보는 엄마 아빠의 얼굴에 따라 자신의 다음 행동을 결정한다. 쓰러진 아이를 보고 엄마 아빠가 실수를 책망하거나 낙담하면 아이는 그대로 주저앉아 울어버리고 만다. 그러나 엄마 아빠가 "괜찮아. 다시 달리면 돼. 멋지다 우리 OO!" 하고 외치며 불끈 주먹을 쥐고 응원한다면 아이는 금세 다시 일어나 결승점을 향해 달려 나갈 수 있다. 이처럼 한 지붕 아래 가족 간에 서로 불어넣어주는 용기와 격려야말로 어려운 세상살이에서 나를 지켜주는 사랑의 빛인 것이다.

행복한 가정을 만들기 위해서는 기본적으로 행복한 부부 관계가 전제되어야 한다. 유대인의 지혜와 슬기를 담은 탈무드를 보면 '남자의 집은 아내이고 가정은 최상의 안식처'라는 내용이 있다. 또 '부부가 진정으로 사랑하고 있으면 칼날 폭만큼의 좁은 침대에서도 잠잘 수 있지만 서로 미워하기 시작하면 10m가 넘는 넓은 침대도 좁다.'고 얘기한다. 탈무드는 또 '세상에서 가장 행복한 남자는 좋은 아내를 얻은 사람이고 세상 무엇과도 바꿀 수 없는 것은 젊은 때 결혼하여 살아 온 늙은 마누라'라고 했다. 부부간에 서로 공경하는 마음이 중요하다.

톨스토이Leo Tolstoy의 안나 카레니나Anna Karenina의 첫 구절에 "행복한 가정은 모두 엇비슷하고, 불행한 가정은 불행한 이유가 제각기 다르다."는 말이 나온다. 되는 집안은 근심걱정 없고 건강하며 화목한 게 다들 비슷하지만, 안 되는 집안은 그 문제가 애정이든 금전이든 자녀든 천차만별의 이유로 불행해진다.

가정이 편안하고 화목해야 직장 일도 잘할 수 있다. 가정이 우리 경쟁력의 원천이다.

내가 가장 많이 사용하는 말

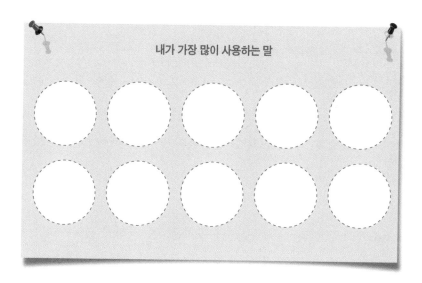

자신이 평소에 가장 많이 사용하는 단어를 적어본다. 10개를 적고
나서 긍정적인 어감을 가진 것은 ○, 부정적인 어감을 가진 것은 ×,

중립적인 어감을 가진 것은 △ 표시를 한다. 그런 다음 부정적인 어감을 가진 단어를 비슷한 어감의 긍정적인 단어로 바꿔본다.

명심보감에 구시상인부 언시할설도口是傷人斧 言是割舌刀라는 말이 있다. 잘못된 입놀림은 사람을 상처 내는 도끼와 같고, 잘못된 말은 결국 내 혀를 베는 칼과 같다는 뜻이다. 간디는 이런 말을 했다.

"먼저 생각하라. 그런 다음 말하라. 이제 그만이라는 소리를 듣기 전에 그쳐라. 사람이 짐승보다 높은 것은 말하는 능력을 지녔기 때문이다. 그러나 이런 능력을 부당하게 행사하는 짓을 서슴지 않는다면 그런 사람은 짐승만도 못하다."

인간의 근육 중 가장 강한 것은 바로 혀다. 칼에 베인 상처는 아물지만 혀에 베인 상처는 영원히 가슴속에 각인된다. 혀는 한 사람을 단번에 무너뜨릴 수 있다. 별로 힘을 들이지 않고도 누군가를 거뜬히 들어 올릴 수 있고, 몇천, 몇만 명의 사람들을 통째로 무너뜨릴 수도 있다.

서로에게 '말'이라는 무시무시한 흉기를 무신경하게 휘둘러대는 대신 조금만 더 자제하고 조금만 더 친절할 수만 있다면, 세상은 훨씬 더 평화로운 곳이 될 것이다. 남 험담하며 허비하는 시간을 자신의 꿈을 가꾸어 가는 데 선용해야 한다.

'말이 씨가 된다'는 것은 뇌과학적으로 증명된다. 우리의 뇌는 상상과 진실을 구별하지 못하기 때문에 말하는 대로 생각하는 대로 인식한다. 말에는 '뼈에 새길 만큼 강하게 박힌다.'는 각인^{刻印}효과가 있다. 늘 하는 말이 뇌에 강하게 박혀 실제 그렇게 되는 것을 '뇌새김'이라 한다. 때문에 평소에 자주 하는 말을 아주 중요하게 생각해야 한다. "아 짜증 나. 난 맨날 이 모양이야."라는 말을 자주하면 그 말이 청각기관을 거쳐 뇌에 입력된다. 그렇게 되면 독한 스트레스 호르몬이 분비되어, 결국 진짜 짜증나는 상태로 만들어버린다. 짜증 섞인 말 대신, '사랑해.', '고마워.', '즐거워.' 같은 좋은 말을 습관적으로 할 필요가 있다.

사람의 눈과 귀가 2개인데, 입은 1개인 이유는 주위 사람들과 세상에 대해 더 많은 관심을 가지고 바라보며, 마음을 다해 더욱 많이 들으라는 신의 뜻이다. 상대적으로 입의 개수가 적은 이유는 그만큼 더 신중하게 표현을 잘 선택해서 말을 하라는 뜻이다. 눈과 귀는 많이 보고 많이 보고 많이 듣는다고 해서, 누군가에게 해를 끼치지 않겠지만, 입을 잘못 열게 된다면 그것은 누군가에게 비수를 던지는 행동이거나, 스스로 발등을 찍어 버리는 행동이 된다. 긍정적인 말을 하고 격려하는 말을 들려주자. 이것이 내 인생을 사랑하는 방법이다.

인생에서 가장 자랑스러운 일과
후회하는 일

| 인생에서 가장 자랑스러운 일과 후회하는 일 ||
자랑스러운 일	후회하는 일
1.	1.
2.	2.
3.	3.
4.	4.

인생에서 가장 자랑스러웠던 일과 가장 후회하는 일을 적어본다.

이를 적어보는 이유는 자랑스러운 일을 통해서 긍정적인 에너지를 흡수하고, 후회하는 일을 통해서 반면교사反面教師의 교훈을 얻고자 위해서이다.

인생이라는 정원을 아름답고 향기롭게 가꾸면 아름다운 유산을 남길 수 있다. 수많은 들풀과 꽃들은 각자의 자리에서 작자의 향기를 발산한다. 다른 꽃의 향기를 시기하지도, 간섭하지도 않는다. 그리고 꽃이 지고 나면 열매를 맺어 씨앗이라는 유산을 후대에 남긴다. 사람도 각자 자신의 몫이 있고 자신의 향기가 있다. 그 향기가 아름답게 퍼지는 사람이 있는 반면, 심한 냄새를 풍기는 사람도 있다. 함께 아름다운 세상을 만들려는 사람이 있는 반면, 혼자만 살려고 버둥대며 썩은 냄새를 퍼뜨리는 사람도 있다.

필자는 아름다운 인생을 살아가는 사람들이 네 가지의 향기를 갖고 있다고 생각한다. 기본적 향기, 물질적 향기, 정신적 향기, 그리고 사회적 향기가 그것이다.

기본적 향기는 사람이 살아가는 데 꼭 필요한 기본적인 것으로 건물의 기초와 같은 역할을 한다. 배우는 것과 직업적인 일이 기본적인 향기가 된다. 우리는 태어나서 죽을 때까지 배우고 또 일을 한다. 어릴 때 배운 지식을 바탕으로 직업을 선택하고 선택한 직업이 삶의 든든한 기초로 작용한다. 아름다운 인생을 살아가는 이들의 학습과 일은 혼자만 잘 먹고 잘살기 위한 도구가 아니라 다른 사람과 함께 살아가기 위한 바탕이 된다.

물질적인 향기는 돈에 관한 얘기다. 돈에는 일단 긍정적인 면이 있다. 우리는 돈이라는 것을 매개체로 하여 삶을 살아간다. 무엇을 얻기 위해서는 반드시 돈이 필요하다. 대가를 지불해야 필요한 것을 얻을 수 있다. 의식주를 해결하고, 아이를 키우고, 노후생활을 하는 데 돈은 반드시 필요하다. 이토록 우리네 인생에서 대단히 중요한 의미를 차지하기에 혹자는 돈을 꽃에 비유하기도 한다.

반면에 부정적인 면모를 지닌 돈이 있다. 잘못된 방법으로 번 돈이거나 잘못된 쓰임새로 쓰이는 돈이 그러하다. 이런 돈에서는 향기가 아닌 안 좋은 냄새가 난다. 정당한 방법으로 벌고, 나와 남을 이롭게 하는 데 사용해야 한다. 향기롭게 벌어서 향기롭게 써야 한다.

아름다운 인생을 사는 이들은 돈의 노예가 아니라 돈의 주인이 된다. 혼자만 잘사는 것이 아니라 함께 잘사는 데 돈을 쓸 줄 안다. 이런 사람들에게는 아름다운 돈의 향기가 난다.

정신적인 향기는 자신의 인생을 행복하게 가꾸는 데 필요한 것으로 꿈 · 관계 · 도전 · 재능 · 행동 · 기본 · 준비 · 열정 등으로 표현된다. 삶이 풍요롭고 아름다운 이들은 특히 정신적인 향기가 좋고, 이러한 여덟 가지를 다 갖추고 있다.

큰 꿈을 만들고 구체적으로 실행해서 이루어낼 줄 알고, 기본을 갖추고 관계를 잘 풀어가는 지혜가 있다. 준비를 철저히 한 후 도전해서 이룰 줄 알며, 열정을 가지고 재능을 발휘하면서 세상을 아름답게 만들고자 하는 꿈을 가진다. 단지 꿈을 품고만 있지 않고 도전하는 것이다. 도전하는 삶에서 아름다운 향기가 난다.

정신적인 향기가 좋은 사람은 자신을 스스로 사랑할 줄 안다. 스스로 자존감을 갖지 않는 한 다른 사람이 존경심을 나타낼 이유가 없다.

정신적인 향기는 사람의 존재가치를 잘 나타내준다.

사회적인 향기는 함께 살아가는 데 필요한 덕목이다. 서로 상대방을 신뢰하고, 소통하며, 공감하고, 배려하고, 존중할 줄 아는 것이다. 서로의 신뢰를 잃어버린 사회는 이미 죽은 사회이다. 남을 속이면서 내 잇속을 차리는 사람이 잘사는 사회는 이미 썩은 사회다.

아름다운 삶을 살아가는 사람들은 가족을 포함하여 자신의 주변인들과 소통을 잘한다. 내가 먼저 마음을 열어야 소통이 되며, 입이 아닌 가슴으로 소통하는 것임을 잘 알고 있다. 서로 소통하지 않고 막혀 있는 관계는 오래가지 않는다. 우리 사회가 정치, 경제, 사회의 모든 면에서 불통이 만연하다보니 소통의 향기가 잘 나지 않는다. 서로 공감하고 배려하고 존중해야 한다. 뿌린 대로 거두고, 베푼 대로 돌아온다. 내가 뿌리지 않고 내가 베풀지 않으면서 돌아오기를 바라는 것은 도둑심보에 불과하다. 내가 먼저 손을 내밀고 향기를 나누어주자. 사람 사는 세상을 만드는 데 누가 먼저 하면 어떠랴!

자랑스러웠던 일들과 후회되는 일들을 돌아보고 앞으로의 우리 삶은 어떻게 꾸려갈 것인지 생각해보자. 꽃은 젖어도 향기는 젖지 않는다. 꽃은 젖어도 빛깔은 젖지 않는다. 사람은 죽어도 그 사람의 향기는 우리의 가슴속에 남아 있다. 기본적인 향기, 물질적인 향기, 정신적인 향기, 사회적인 향기가 세상에 널리 퍼지는 상상을 해본다.

건강을 위한 나만의 필살기

건강을 위한 나만의 실천방안	
좋은 관계(사람 사이)	
균형 잡힌 섭생(먹거리)	
절주(술), 금연(담배)	
햇빛, 수면	
긍정적 사고(생각)	
규칙적 운동(움직임)	
정기 건강진단(예방)	
심리적 안정(스트레스)	
기타(준비, 웃음 등)	

건강을 위한 나만의 구체적인 실천방법을 적어본다. 요즘 유행하는 방법이나 유명한 방법이 아닌, 나에게 꼭 맞는 방법이어야 한다.

또한 지금 당장 할 수 있을 정도로 구체적이어야 한다. 어떤 계획이든 나에게 맞지 않으면 소용이 없고, 구체적이지 않으면 실천하기 어렵기 때문이다.

나만의 필살기를 적을 때에는, 아주 작디 작은 실천법일수록 좋다. 우리 뇌는 오래된 습관을 바꾸는 것을 두려워하므로 '하루에 1시간 이상 운동'과 같은 획기적인 변화를 싫어한다. 때문에 '하루 5분 텔레비전 보며 스트레칭 하기'와 같은 작고 구체적인 방법이 좋다.

건강을 잃으면 모든 것이 사라진다. 건강하게 살다가 행복하게 죽는 것이 모든 사람들이 바라는 모습이다. 건강하지 못하면 정신적·물질적인 면에서 고통을 받게 되고 정상적인 생활이 되지 않는다. 그 어떠한 가치도 건강보다 앞서는 건 없다.

이토록 중요한 가치인 만큼 건강은 결코 공짜로 얻을 수 없다. 건강은 건강할 때 스스로 지켜야 한다. 선천적으로 타고난 건강 체질이라 해도 제대로 관리하지 못하면 언젠가는 망가지고 만다. 한 번 잃어버리면 다시 회복하기까지 상당한 시간이 걸리며, 회복된다고 하더라도 예전의 좋은 상태로 돌아가기는 어렵다. 때때로 회복이 결국 안 되는 경우도 있다.

일반적으로 건강을 결정하는 요인은 유전, 환경, 습관, 의료 등 여러 가지인데 그중 현대인에게 가장 중요한 요소는 습관이다. 건강하고 장수하는 사람들의 공통점은 소식을 하고 긍정적인 사고를 가지고 있으며 규칙적인 운동습관을 가지고 있다는 것이다. 칼로리를 제한해 먹는 절식이나 소식은 유전자를 건강하게 만들고 각종 질병에 걸릴 확률은 낮춰준다. 긍정적인 사고는 전체적인 균형을 유지하고 스트레스를 줄여준다. 규칙적인 운동습관은 노화방지와 함께 면역력을 높여준다.

아울러 절주와 금연도 중요한 요인이다. 과도한 음주와 담배는 건강에 백해무익하므로 절주와 금연을 생활화해야 한다.

식탐을 덜어내고, 숙면을 취하며, 기뻐하고 성내는 것을 절제하는 것도 건강을 지키는 데 중요한 요소다. 많은 연구결과에 따르면 섭취 열량을 30% 줄이면 기초대사량이 감소해 오래 살 수 있는 것으로 나타났다. 또 하나의 적극적인 수단은 호르몬 관리다. 성장호르몬은 오케스트라 지휘자처럼 인체를 조율한다. 근육과 뼈, 면역력, 피하지방, 성기능에 이르기까지 온몸을 관장한다. 하지만 나이가 들수록 성장호르몬의 분비량이 줄어들면서 노화현상이 가속화된다. 성장호르몬을 잘 관리하는 방법 중 하나는 근력운동이며 중년일수록 놓치지 말아야 하는 것이 바로 근력운동이다.

재미있는 것은, 담배나 술, 일하는 스타일, 사회적인 지위, 경제상황 등 어느 것도 수명에 결정적 요인은 아니라는 사실이다. 장수하는 사람들의 단 하나의 공통점은 '친구의 수'였다고 한다. 친구의 수가 적을수록 쉽게 병에 걸리고 일찍 죽는 사람들이 많았다는 것이다. 인생의 희로애락을 함께 나누는 친구들이 많고 그 친구들과 보내는 시간이 많을수록 스트레스가 줄며 더 건강한 삶을 유지하였다는 것이다.

강한 사회적 유대감을 형성하고 있는 사람은 조기사망률이 50%가량 떨어진다는 연구결과도 있다. 이는 금연을 실천하거나 규칙적인 운동을 하는 것만큼이나 건강에 유익하다. 한 연구논문에 따르면 10명 이상의 친구와 정기적으로 연락을 주고받으면 행복감이 상승하고 수명이 연장된다. 만약 친한 친구가 1마일(약 1.6㎞) 이내에 거주한다면 행복감은 25% 정도 상승한다.

일하는 즐거움, 규칙적인 운동 습관이야말로 장수인에게서 볼 수 있는 공통적 모습이다. 일과 삶의 균형을 맞추고, 몸이 예민하지 않으며, 술을 적게 마시되 즐기고, 적정 체중과 체형을 만드는 사람, 약물과 의료를 최소한으로 사용하며, 이웃을 사랑하고 환경을 존중하는 사람이 건강하고 장수하는 편이다. 또한 만병의 근원이 스트레스를 잘 관리해야 한다. 스트레스에 노출된 삶 자체를 바꾸지 않는 한 건강해질 수 없다.

감명 깊었던 책과 꼭 읽고 싶은 책은?

감명 깊었던 책과 꼭 읽고 싶은 책 리스트	
다른 사람에게 추천하고 싶은 감명 깊게 읽은 책	1년 이내에 꼭 읽어보고 싶은 책

마음을 풍요롭게 하는 시, 소설, 수필 등 감명 깊게 읽은 문학작품을 적어보고, 경제, 경영, 기술 등 전문지식을 쌓는, 꼭 읽어보고 싶은

책을 적어본다.

성공한 사람들은 지독한 책벌레였다. 생활과 독서가 따로 존재하는 것이 아니라 함께 연결되어 있다. 공부와 삶이 하나인 듯 생활한다. 위인이나 성공한 사람의 공통점은 긍정적인 사고와 독서였다. 성공한 사람들은 어디서든 짬짬이 책을 읽는다. 독서는 간접경험을 통해 다른 사람의 생각을 읽고 이해하는 능력을 키워주며, 다양한 분야를 통섭하는 방법을 알려준다. 독서를 통해 내 생각의 지평과 창의력을 넓힐 수 있다. 저자의 생각과 사상과 지식을 이해하고 이해한 것들을 기반으로 나를 변화시키는 과정이다. 독서는 나를 준비된 사람으로 만들어가는 과정이자 좋은 경험이며 가능성이다.

학교에서뿐만 아니라 사회에 나와서도 빠르게 변화하는 세상에서 뒤떨어지지 않으려면 꾸준하게 학습과 훈련을 해야 한다. 행복한 성공을 이룬 사람들의 특징은 계속해서 학습을 한다는 것이다. 일류학교를 나왔다는 이유로, 자격증을 땄다는 자만심으로, 부모님이 유산을 물려주었다는 자만심으로 배움을 중단한 사람은 늙어서 그 대가를 치른다. 반대로 내세울 게 없는 사람들은 이를 극복하기 위해 계속해서 공부하고 노력을 하고 나이가 들어 풍요로운 결실을 거둔다.

천재는 노력하는 사람을 이길 수 없고, 노력하는 사람은 즐기는 사람을 이길 수 없으며, 즐기는 사람은 미친 사람을 이길 수 없다. 공부에 미칠 수 있다면 부와 성공은 자연스럽게 따라온다. 누구나 성공하고 싶고 부를 손에 넣고 싶어 한다. 성공하기 위해서는 공부를 통해

지식을 쌓아야 하는 것도 알고 있다.

　게다가 현대 사회는 워낙 변화가 빠르게 진행되기에 지식 수명도 과거처럼 길지 않다. 예전에는 대학졸업장만으로도 평생 먹고 살았지만 이제는 유효기간이 오래 가지 않는다.

　링컨Abraham Lincoln 대통령은 그의 어머니에게서 물려받은 〈이솝이야기〉, 〈로빈슨 크루소〉, 〈천로역정〉, 〈성경〉 등 몇 권 안 되는 책을 너덜너덜해질 때까지 읽고 세상 이치를 깨달을 수 있었다. 많은 독서를 통해 난관 극복의 능력을 길렀고 노예해방을 다짐했으며 그 꿈을 성취했다. 제2차 세계대전에서 영국을 승리로 이끌며 두 차례나 총리를 지낸 윈스턴 처칠Winston Churchill은 일생 동안 꾸준한 독서를 통해 내적인 실력을 쌓아갔던 인물로 군인과 정치가의 삶을 보내면서도 1953년 노벨문학상까지 받았다. 오프라 윈프리Oprah Winfrey도 책을 통해 꿈을 이루었다. 그녀는 "나는 책을 통해 인생에 가능성이 있다는 것과 나처럼 세상에 사는 사람이 또 있다는 걸 알았다. 독서는 내게 희망을 주었다. 책은 내게 열려진 문과 같았다."고 말한 바 있다.

　책은 인생이라는 험한 바다를 항해하는 데 도움이 되도록 남들이 마련해 준 나침반이요, 망원경이며 지도이다. 그리고 위대한 천재들이 인류에게 남겨 놓은 훌륭한 유산이다. 다산 정약용은 유배지에서 두 아들에게 보낸 편지에서 "독서라는 것은 사람에게 있어서 가장 중요하고 깨끗한 일"이라고 말했다. 효용성의 측면에서도 독서 없이 크게 성공한 사람을 찾기는 대단히 어렵다. 하루라도 책을 읽지 않으면 입 안에 가시가 돋는다는 도산 안창호의 가르침도 독서가 얼마나 중요한지 웅변하고 있다.

키신저Henry Kissinger는 어린 시절 아버지로부터 "하루에 네 끼를 먹어라."는 얘기를 들었다. 밥 세 끼 먹는 것처럼 책을 꼭 읽으라는 당부였다. 나폴레옹 역시 전쟁터에서조차 책을 놓지 않았고 이동도서관을 다 함께 끌고 다녔다. 시간이 없어서 책을 못 읽는다는 사람이 많지만 옛날에 중국의 구양수는 말 위에서馬上, 잠자리에서枕上, 화장실에서厠上 읽었다고 한다.

지금도 마찬가지다. 지하철이나 버스로 이동하면서 잠깐 시간을 내서 읽는 책도 독서의 묘미를 느끼게 한다. 휴일에 몇 권의 책을 집중적으로 읽는 것도 재미있다. 독서처럼 돈 안 드는 오락도 없고, 독서처럼 오래 가는 기쁨도 없다. 책을 많이 읽는 것도 의미 있지만 책 속에 있는 단 한 줄이라도 내가 직접 실천해보는 것이 생에 커다란 변화를 가져다준다.

여기서 잠깐 독서의 방법 네 가지를 소개하겠다. 육독肉讀, 뇌독腦讀, 심독心讀, 혜독慧讀인데, 첫 번째로 육독은 눈으로 읽는 것이며 흥미나 재미로 한 번 읽는 단계로써 밑줄을 친다. 뇌독은 머리로 읽는 것이며 내용을 이해하고 적용방법을 정리하는 단계로 메모를 한다. 심독은 마음으로 읽는 것으로 내용을 자기화하는 단계로 책 전체를 정리한다. 혜독은 지혜의 눈으로 세상의 이치를 읽는 것으로 작가조차 의식하지 못한 이치를 파악한다.

이렇게 독서하여 지식을 습득한 후에는 잊지 않도록 잘 정리해 두고, 실생활에서 활용할 수 있도록 해야 한다. 활용하지 못한 지식은 죽은 것이며, 사회적인 부가가치를 만들어내지 못한다.

어떤 일(직업)을 선택해야 할까?

어떤 일을 선택해야 할까		
질문	Yes Or No	해결 방법
내가 좋아하고 신나는 일인가?		
나의 사명(비전, 장기목표)과 잘 어울리는 일인가?		
미래에도 나의 지속적 성장에 도움이 되는가?		
사회적으로 의미 있고 가치 있는 일인가?		
열정을 쏟아 몰입할 수 있는가?		
자발적이고 능동적으로 하는 일인가?		
아이디어와 창의력이 발휘되는 일인가?		
나의 장점(잘하는 것)을 잘 활용하는가?		

직업(일)을 선택할 때 생각해봐야 할 것들은 다음과 같다.

① 내가 좋아하고 신나는 일인가?

② 나의 사명(비전, 장기목표)과 잘 어울리는 일인가?

③ 미래에도 나의 지속적 성장에 도움이 되는가?

④ 사회적으로 의미 있고 가치 있는 일인가?

⑤ 열정을 쏟아 몰입할 수 있는가?

⑥ 자발적이고 능동적으로 하는 일인가?

⑦ 아이디어와 창의력이 발휘되는 일인가?

⑧ 나의 장점(잘하는 것)을 잘 활용하는가?

한 가지 더 추가한다면 ⑨ 인공지능AI 로봇이 대체하기 어려운가?

사람은 인생의 대부분을 직업인으로서 살아간다. 하루의 일과를 보더라도 아침 일찍 직장에 출근하면 저녁 늦게까지 일하고 겨우 집에서는 잠만 자고 다시 회사로 향해야 한다. 물론 휴일과 휴가를 활용하기도 해서 가족과 즐거운 시간을 보내고 일과 삶의 균형WLB을 위해 다양한 제도적인 장치를 강구하고 있지만 일이 없이 가정이 유지되기 어렵다. 따라서 직업은 자기가 하고 싶은 일을 택해야 한다. 그리고 이왕 택했으면 열심히 일해야 한다. 일을 축제로 만들면 된다. 일을 하지 않고 먹고 사는 사람은 별로 없다. 이왕 해야 할 일이라면 즐겁고 기분 좋게 웃으면서 해야 한다. 기분 좋게 일하면 주변사람들에게 좋은 인상을 심어준다. 그리고 이왕에 할 일이라면 시키기 전에 스스로 먼저 나서는 것이 좋다. 시키는 일은 다른 사람의 일이지만 내가 스스로 하는 일은 바로 내 일이기 때문이다. 우리는 한눈팔지 않고

'내가 잘하는 것'에 집중해야 한다. 다만 그전에 반드시 그 일이 미래에 가치 있는 일이 될 것인지를 치열하게 고민해봐야 한다. 바른 일을 올바르게 하는 게 중요하다. 바른 일을 한다는 것은 일하기 전에 방향성을 먼저 본다는 뜻이다. 자신이 가고자 하는 5년 후, 10년 후, 20년 후, 더 나아가 인생의 종착역과 방향성이 일치한다면 그것은 일단 바른 일로 생각해도 좋을 것이다.

야마모토 신지山本眞司는 『일근육』에서 이것저것 스킬이나 잡지식을 배우는데 급급하지 말고 언제 어떤 일을 맡겨도 너끈히 해낼 수 있는 일의 근력(일근육)을 키워야 한다고 했다. 일근육이 생기는 커다란 사이클은 평균 7년 정도이며 겨우 2~3년 일 맛만 보고 마치 다 배웠다는 식으로 이직을 하는 것은 염치없는 노예나 다름없다고 일침한다. 그저 시간만 때우면 되는 게 아니고 진정한 부가가치를 창출하는 게 진짜 일이고 기본바탕인 일근육이 탄탄해야 한다. 일을 즐기면 그 자체로 삶이 놀이Play가 되지만 지겹다고 생각하면 노동Labor에 그친다. 어차피 해야 할 일이라면 즐겁고 신나게 해야 한다. 누군가 해야 할 일이라면 먼저 솔선하는 게 낫다.

자신이 좋아하는 일을 하지 않으면 즐거움과 성공을 만질 수 없다. 공자 역시 배우는 자는 배움을 좋아하는 자만 못하고, 배움을 좋아하는 자는 배움을 즐기는 자만 못하다(知之者不如好之者, 好之者不如樂之者 지지자불여호지자, 호지자불여락지자)라고 했다. 일을 즐겨야 한다. 만약 좋아하는 일에 재주가 없다면 재주 있는 사람을 키워주는 것도 하나의 방법이다. 스포츠나 연예계에서도 일류 스타 뒤에는 반드시 이를 기획하고 지원하는 감독이나 매니저가 있기 마련이다. 이를 미국 노동부장관을 지낸 로버트 라이시Robert Reich 교수는『부유한 노예』라는 책에서 슈링크Shrink라고 표현했다. 재주 있는 사람을 기크Geek라고 하는데 이들을 잘되게 만들면서 부가가치를 창출하는 사람이 슈링크다. 기크와 슈링크는 서로 공생관계에 있다. 서로가 잘하는 것을 잘하게 하고 부족한 것을 서로 보완하기 때문이다. 연예기획사와 연예인의 관계가 이를 증명한다. 만약 내가 재주 있는 기크라면 스스로 열심히 하면 되고, 반대로 내가 만약 슈링크라면 잘하는 인재를 키워주는 것이 서로가 살아가는 방법이다.

내가 움직이고 할 수 있는 일이 있다는 사실만으로 행복하다. 이제 괜찮은 일자리가 많지 않다. 일자리가 있다는 자체로 축복받은 사람으로 인정되는 것이 현실이다. 고용 없는 성장시대에 접어들면서 1%의 경제성장이 약 3만 명의 고용을 늘릴 수 있다고 한다. 2%의 경제성장을 한다면 신규로 창출되는 일자리는 겨우 6만 개에 불과한데 실제로 대학이나 고등학교를 졸업하고 취업전선으로 나오는 사람은 50만~60만이니 특별한 사정이 없는 한 졸업하면서 실제로는 백수면허증을 받는 것이나 다름없다.

일이 곧 수양이고, 인격의 완성이다. 모든 일(노동) 자체가 사회적

계약으로 신용의 지킴을 수업하는 정신수양이며 자기의 완성이므로 일하는 자체가 곧 도를 닦는 것과 같다. 돈보다 귀중한 것은 인격의 완성이니 이익이 없더라도 대가를 바라지 말고 열심히 정진해야 한다. 일을 생계유지를 위한 수단으로 생각하면, 말 그대로 고통스러운 노동에 불과하다. 그러나 진실한 마음으로 일에 몰입하면 놀이가 되고 꿈, 행복한 성공, 풍족함을 데리고 온다.

습관 바꾸기, Go or Stop?

GO 해야 할 습관(Cardinal Virtues)	STOP 해야 할 습관(Cardinal Sins)
1.	1.
2.	2.
3.	3.

습관은 최고의 하인이거나 최악의 주인이라는 말이 있다. 습관은 철사를 꼬아 만든 쇠줄과 같다. 매일 가느다란 철사를 엮다 보면 이

내 끊을 수 없는 쇠줄이 된다. 인사하는 습관, 옷 입는 습관, 책 읽는 습관, 돈 쓰는 습관, 상대의 이야기를 진지하게 듣는 습관, 상대의 입장을 배려할 줄 아는 습관, 아이들이나 어려움에 처한 사람을 보면 감싸고 도와주는 습관, 사물의 이면을 관찰하는 습관 등 헤아릴 수 없이 많은 습관이 모여서 인격을 만든다. 습관이 사람을 성공시키기도 하고 망치기도 한다.

습관은 행복한 성공을 이루기 위한 중요한 요소로써 건축의 기초 공사와 같다. 한 번 형성된 습관은 바꾸기 어렵기에 처음부터 좋은 습관을 가져야 한다. 습관이란 밧줄을 매일 짜고 이렇게 짜인 습관은 쉽게 바뀌지 않는 것이다. 심리학에서는 어떤 것이 습관으로 자리 잡기 위해서는 21일의 법칙, 작심 30일, 66일의 법칙 등 다양한 견해가 있다. 66일의 법칙은 66일 동안 자신이 원하는 모습에 대해 크고 명확한 목표를 세우고 매일 그것을 실천하면 습관으로 변한다는 것이다. 66번 시도하고, 66번 책을 읽고, 66일 반복하자. 그러면 인격이 바뀌고 운명이 바뀔 수 있다.

습관에는 지식을 이기고, 환경을 뛰어넘으며, 과학도 바꾸지 못하는 힘이 있다. 처음에는 우리 인생의 방문자이지만 다음에는 단골이 되고 나중에는 주인이 되는 것이 습관이다. 자신을 성공으로 이끌기도 하고 실패의 나락으로 끌어내리기도 하는 것, 위대한 사람의 하인일 뿐 아니라 실패한 모든 이들의 주인이기도 한 것, 자신이 하는 대로 따라가지만 자신의 행동 90%를 좌우하는 이것이 습관이다. 아침에 일어나서 밤에 잠자리에 들 때까지 인간의 행동은 80%의 습관과 20%의 새로운 행동으로 이뤄진다고 한다.

'늘 했던 대로' 행동하면서, 자신이 왜 그렇게 행동했는지조차 인식하지 못하곤 한다. 중요한 것은 이렇게 습관적으로 처리하는 일들이 우리의 삶을 좌우하고 있다는 점이다. '어떤 선택을 할 것인가' 고민을 하고 내리는 결정은 극히 일부에 지나지 않는다. 습관은 의식의 영역이라기보다는 오히려 무의식의 영역이다. 습관을 익히기까지는 의식적인 많은 노력이 필요하지만 일단 습관이 일부가 되면, 습관은 몸과 마음이 피곤하여 생각하기 힘들 때나 삶에 지쳐서 아무런 의욕이 생기지 않을 때도 무의식중에 이끌고 간다. 행복한 성공을 위해서 당장 해야 할 일은 바로 우리의 하루를 지배하고 있는 습관을 바꾸는 일이다.

보통 사람들에게 목표는 있지만 습관이 받쳐주지 못한다. '너는 뭐가 되고 싶니?'라는 질문을 어린 시절부터 수없이 받았을 것이다. 그때마다 '변호사가 되고 싶다.', '의사가 되고 싶다.'고 대답했을 것이다. 이런 사람이 되기 위해서는 어렸을 때부터 짧은 수면시간에 익숙해져야만 한다. 그 목표를 이루기 위해서는 남들보다 잠을 덜 자야 하고, 되고 나서도 남들보다 잠을 덜 자야 하는 직업이기 때문이다. 목표에 알맞은 작은 습관들을 몸에 익히면 목표에 도달하기가 그만큼 쉬워진다.

운이 좋은 사람, 행운을 잡는 사람은 습관을 바꿀 작은 결단을 내릴 수 있는 사람이다. 하루라도 빨리 목표를 정하고 도전하라. 그러기 위해서는 자기 나름의 습관을 기르고, 그것을 지켜나가라. 늦었다고 생각할 때가 가장 빠른 것이다. 늦은 사람은 아무도 없다. 혹시 늦었다는 생각이 들면 한 가지 습관이 아니라, 두세 가지 습관을 한꺼번에 기르자. 그러면 충분히 따라잡을 수 있다. 좋은 습관이 머무를 수 있는 여유의 방을 만들어야 한다. 자신이 도달할 수 있다고 생각하는 높이까지만 성장하기 마련이다. 내가 추구하는 거리와 꿈을 이루도록 하라. 머리와 가슴 속으로 설계하고 손과 행동으로 실행하여야 할 것이다.

행복한 성공을 이룬 사람들이 가진 습관 중 하나는 '삼심三心의 법칙'을 활용하는 것이다. 삼심이란 초심, 열심, 뒷심을 의미한다. 초심이란 일을 시작할 때 목표를 세우고 가슴으로 한 맹세고, 열심은 일의 과정 중 열과 성을 다하는 자세다. 그리고 뒷심은 중도에 포기하지 않고 끝까지 밀어붙이는 끈질김을 말한다. 나쁜 습관이건 좋은 습관이건 반복하면 할수록 내가 거기에 중독이 되고 그래서 그것이 나한테 정말 필요한 습관이라고 강하게 믿게 된다. 인생은 시간과 공간 속에서 벌어지는 생각의 총합이고 그 생각은 언제 어디서 무엇을 어떻게 할 것인가를 선택하는 것이다. 현명한 선택이 현명한 행동을 낳고, 그 행동이 반복될 때 습관으로 자리 잡게 되는 것이다.

시간통장 기록하기

하루 24시간을 어떻게 사용하고 있는가(Time List)	
잠자는 데	
먹고 마시는 데	
일하는 데	
잡담하는 데	
출퇴근하는 데	
가족, 친구와 대화하는 데	
책을 읽거나 공부하는 데	
멍 때리는 데	
기타에	

하루 24시간, 86,400초를 어떻게 사용하는지 적어본다. 이렇게 적
어내려가다 보면 하루를 얼마나 알차게 보내고 있는지, 무의식중에

부서지는 시간은 있는지 없는지를 알 수 있다.

모든 사람은 하루 86,400초를 살아간다. 부자이거나 가난한 사람이거나 가리지 않고 매일 86,400초가 전부이다. 더 주어지지도 않고 덜 주어지지도 않는다. 남는다고 저장하는 것도 불가능하고 그렇다고 다른 사람에게 팔거나 담보로 제공할 수도 없다. 그러므로 시간은 모든 것이다.

시간은 과거-현재-미래로 연결되지만 가장 중요한 것은 현재 그리고 지금이다. 시간을 지배하는 사람이 세계를 지배하고 자신의 운명까지도 지배한다고 했다. 순간순간을 소중히 살아가야 한다. 시간은 아무도 기다려주지 않으며, 흐르는 강물과 같아서 막을 수도 없고 되돌릴 수도 없다. 그럼에도 우리는 항상 시간이 없다는 말을 입에 달고 살면서도 하는 마치 시간이 무한한 것처럼 행동한다. 우습게도 물보다 더 펑펑 낭비하고 있다. 돈 만 원, 이만 원은 아까워하면서도 하루 10분, 1시간 정도는 아무렇지도 않게 버린다. 누구에게나 공평하게 주어지는 유일한 보물이자 기회인 시간을 소중히 여기지 않는 한, 미래는 없다. 일 분, 일 초라도 계획적으로 사용하는 습관을 가져야 한다. 해야 할 일을 다음으로 미루기 시작하면 계속 미루는 습관이 생긴다. 어차피 할 일이라면 지금 당장 하는 것이 편하다.

시간을 잘 조절한다는 건 경쟁에서 우위를 점할 수 있는 중요한 요건이다. 늘 데드라인을 지키지 못하면서 쫓기듯 일하는 사람이 있는가 하면, 겉으로는 여유로워 보이는데도 성과가 좋은 이들이 있다. 이른바 '빠른 자'와 '느린 자'다. 쉽게 말해 세상은 빠른 자가 느린 자를 지배한다.

직장인들 사이에서 월요병이 유행이다. 그러나 일요일에 다음 날인 월요일을 기다리고 아침에 여유 있게 출근하는 사람과, 월요일이 지긋지긋하며 항상 지각하기 일보 직전에 출근하는 사람은 성과도 다를 것이다. 아마도 10년, 20년 후에는 비교가 불가능할 만큼의 사회적, 경제적 차이가 발생한다.

그렇다면 어떻게 해야 효율적으로 시간을 활용할 수 있을까. 시간의 밀도를 결정하는 것은 집중이다. 집중적으로 몰두해서 사용한 시간의 결과물로 좋은 성과가 나온다. 그래서 똑같은 10분이라도 누군가에겐 10원짜리도 안 되는 가치일 수 있고, 누군가에겐 금 같은 가치를 지니기도 한다. 효율적인 시간 활용은 자기관리의 기본이다. 시간을 소중히 쓰는 사람은 나태와 태만의 찌꺼기를 버릴 수 있다.

고대 그리스에 리시포스Lysippos라는 조각가가 있었다. 그는 앞머리에 숱이 몰려 있고 뒤는 대머리인 조각상을 만들어 집 정원에 놓아두었다. 조각을 본 사람들은 우스꽝스러운 모습에 처음에는 웃다가, 동상 밑에 새겨진 시구詩句를 보고는 가슴이 서늘해졌다고 한다. 여기에 그 일부를 소개한다.

"너는 누구인가? 나는 모든 것을 지배하는 시간이다 … 왜 앞머리가 머리 앞으로 내려와 있지. 내가 오는 것을 쉽게 붙잡을 수 있기 위해서. 그렇다면 왜 뒷머리는 대머리지? 내가 지나친 다음에는 누구도 나를 잡을 수 없기 때문이지…."

발뒤꿈치와 어깨에는 날개가 달리고, 손에는 칼과 저울을 들고 있는 이 조각은 적절한 시간, 상황, 기회 등을 뜻하는 그리스 '카이로스 Kairos신'의 형상이다. 저마다 추구하는 행복, 건강, 부, 권력, 명성 등은 효율적인 시간 관리를 통해서 얻을 수 있다.

내가 헛되이 보낸 오늘은 어제 죽은 자가 그토록 갈망하던 내일임을, 잊지 말자.

가장 고마운 분께 감사편지 쓰기

가장 고마운 분께 감사편지 쓰기

받는 사람:

보내는 사람:

우리나라 사람들은 마음을 표현하기를 어려워하는 편이다. 때문에
주변 사람들에게 미처 고맙고 감사하거나 미안한 마음을 표현하지

못하며 살아간다. 살아오면서 가장 감사했지만 미처 그 마음을 전하지 못한 사람 한 명을 떠올려 보고, 그에게 감사편지를 작성해 보자.

간디는 "감사의 분량이 곧 행복의 분량"이라고 말했다. 감사와 행복은 비례하며, 성공하기 위한 가장 강력한 무기는 감사이다. 그래서일까. 언어와 피부는 다를지라도 지구상 거의 모든 나라와 민족의 부모들이 아이에게 가르치는 말의 순서는 비슷하다. '엄마, 아빠' 다음으로 가르치는 말이 바로 '고맙습니다.'이다.

감사는 그저 이유에 따라 반응하는 것이 아니라 삶에 대한 근본 태도이다. 감사하는 마음을 가진 사람은 만물을 신이 내린 선물로 여긴다. 마음속에 감사가 가득한 사람은 세상이 아름답고 고난苦難도 달콤하다. '감사합니다.'라는 말은 인생 전체를 바꾸는 강력한 힘이자, 잠재력을 끌어올리는 비밀 열쇠이다.

어떤 사람들은 '감사합니다'라는 말을 자주 할수록 행복해진다고 주장한다. 나는 이 주장에 백 프로 동의한다. 삶에 대한 태도가 바뀌면 외부의 태도도 바뀐다. 불평을 멈추고 그 자리에 감사를 채우면 좋은 일들이 일어날 수 있다. 아니 일어날 수밖에 없을 것이다. 불행한 하루는 불평 가득한 마음에서 시작되지만, 행복한 하루는 감사함에서 시작한다.

위대한 성공도 사소한 습관에서 비롯된다. 감사하는 말만으로도 깊은 인간관계를 맺을 수 있고, 스트레스를 줄이고 활기차고 건강한 삶을 살 수 있다. 감사 연습을 꾸준히 하면 역경에서 보다 빨리 회복

되며, 고난에 대한 면역력이 길러지고, 수명이 길어지며, 타인의 호감을 사고, 창의적으로 문제를 해결한다. 감사할수록 좋은 태도를 낳고, 이는 행복한 성공을 가져온다.

감사는 굳게 닫힌 마음의 빗장을 열고 정신을 고무시켜 당신의 잠재력과 재능을 눈뜨게 해준다. 새로운 경지의 영감, 창조성을 발휘하고 성과를 올릴 수 있다. 당신의 정신, 직업, 재정뿐만 아니라 건강, 인간관계에 걸쳐 놀라운 변화를 경험하게 될 것이다.

우리는 감사할 것이 너무 많다. 살아있다는 것 자체를 감사해야 한다. 그리고 조그만 것에도 감사하는 생활이 습관이 되어야 한다. 매일 매일 감사하면서 살아가는 사람들은 마르지 않는 샘을 소유한 것 같이 생기가 넘친다. 그들은 철을 끌어들이는 자석처럼 사람들을 모으고, 어두웠던 주변을 환하게 밝혀 준다.

세계적인 작곡가 베토벤은 청각장애인이었고, 미국의 위대한 작가 헬렌 켈러는 앞을 볼 수 없었다. 영국의 유명한 천체 물리학자인 스티븐 호킹도 평생 휠체어에서 생활하고 있다. 신체적 장애를 가진 이들도 세계사에 길이 남을 업적을 남겼는데 눈과 귀, 팔다리가 건강한 내가 불평뿐이라면 되겠는가. 적어도 나는 먹을 수 있고, 볼 수 있으며, 들을 수 있고, 느낄 수 있고, 걸을 수 있지 않은가.

아침에 일어날 수 있음에 감사하고, 저녁에 잠들 수 있음에 감사하자. 건강한 육체와 아름다운 정신을 가진 것에 감사하고 볼 수 있고 들을 수 있음에 감사하자. 미소로 인사하고, 대화와 칭찬을 통해서 항상 감사하자. 공부하는 것이 힘들다면 공부할 수 있는 기회에 감사하고 일하는 것이 힘들다면 일거리가 있다는 사실에 감사하자.

세금이 나온다면 그건 소득이 있다는 것이고, 옷이 몸에 좀 낀다면 그건 잘 먹고 잘살고 있다는 것이고, 주차장 맨 끝 먼 곳에 겨우 자리가 하나 있다면 그건 내가 걸을 수 있는 데다 차도 있다는 것이다. 난방비가 너무 많이 나왔다면 그건 내가 따뜻하게 살고 있다는 것이고, 온몸이 뻐근하고 피로하다면 그건 내가 열심히 일했다는 것이고, 이른 새벽 시끄러운 자명종 소리에 깼다면 그건 내가 살아있다는 것이고, 이메일이 너무 많이 쏟아진다면 그건 나를 생각하는 사람들이 그만큼 많다는 것이다.

마음속에 나도 모르게 일궈진 불평불만들을 바꾸어 생각해보면 감사한 것투성이이다. 세상 모든 일은 어떤 면을 보느냐에 따라 달라진다. 감사도 마찬가지다. 늘 감사함을 찾고 매사에 감사할 때 우리 인간은 훨씬 고귀해질 수 있다. 역경이 닥친다고 불평하거나 절망하지 말자. 역경 속에는 반드시 숨겨진 축복이 깃들어 있고, 일보 후퇴는 새로운 도약을 위한 준비이기 때문이다. 부정을 긍정으로, 혼돈을 질서로, 혼란을 명쾌함으로 변화시켜야 한다.

일본의 대표적 기업가 마쓰시타 고노스케는 "감옥과 수도원의 공통점은 세상과 고립되어 있다는 점이다. 차이가 있다면 불평을 하느냐, 감사를 하느냐 그 차이뿐이다. 감옥이라도 감사를 하면 수도원이 될 수 있다."고 했다.

매 순간 감사하고, 마음을 열고 모든 것을 긍정하자.

포기하지 않고 노력해야 할 과제

포기하지 않고 노력할 과제와 그 이유(Effort List)	
포기하지 않고 노력해야 할 나의 과제	이유(Why)

현재 내가 노력해서 반드시 이뤄야 하는 것들과 그 이유를 적어보
자. 그동안 막연하게 생각했던 '해야 할 일'을 구체적으로 정리하고,

어떤 노력을 해야 되는지 생각할 기회가 될 것이다.

20세기의 가장 탁월한 첼리스트로 불리는 파블로 카잘스(Pablo Casals, 1876~1973)은 죽기 얼마 전인 96세까지 매일 6시간씩 첼로를 연습한 것으로 알려져 있다. 그런 그에게 어느 기자가 "왜 그렇게 열심히 연습하시죠?"라고 물었다.

"내 연주 실력이 아직도 조금씩 향상되고 있기 때문입니다. 사람들은 나더러 마치 새가 나는 것처럼 쉽게 첼로를 컨다고 합니다. 새가 나는 법을 배운다는 게 얼마나 힘든지 모르겠습니다. 그렇지만 첼로를 연주하기 위해 내가 얼마나 노력했는지는 압니다. 모든 경우 수월한 연주는 최고의 노력에서만 나옵니다. 예술은 노력의 산물입니다."

많은 이들이 "아, 나도 ○○○○를 해야 하는데."라고 푸념을 한다. 그 푸념에는 시간이 부족하다는 변명이 항상 뒤따른다. 그러나 정말 내가 하고 싶은 것이 있다면 반드시 노력이 선행되어야 한다.

노력은 목적을 이루기 위하여 있는 힘을 다해 부지런히 애를 쓴다는 뜻으로 라틴어 '코나투스(Conatus. 충동, 경향, 성향, 약속의 의미)'에서 유래한다. 사물이 본래부터 가지고 있고 스스로를 계속 높이려는 경향을 말한다. 누군가가 탁월함을 보인다면 이는 의도적인 노력의 결과이다. 말콤 글래드웰Malcolm Gladwell이 쓴 〈아웃라이어Outliers〉에서 보면 뛰어난 바이올리니스트들은 일주일에 솔로 연습을 평균 24시간, 평범한 바이올리니스트들은 일주일에 솔로 연습을 평균 9시간, 이 차이를 학생들이 18세가 될 때까지 합산하면 탁월한 바이올리니스트들은 7,410시간, 평범한 연주자들은 3,420시간을 연습한다고 한다.

필자는 CEO 조찬 모임에 나가 특강을 하는 기회가 있다. 7시부터 시작되는 특강에 참석하려면 집에서 보통 6시 이전에 출발해야 하고, 일어나는 시간은 5시경이 된다. 5시에 일어나려면 저녁 10시 이전에 잠자리에 들어야 하기 때문에 술을 마실 수가 없다. 맑은 정신으로 강의를 듣거나 강의를 진행해야 보람이 있다. 따라서 조찬에 참석하는 CEO들은 대부분 아침형이다. 바쁘게 살고 열심히 공부하고 술 마실 시간도 없지만 이들의 행복도는 무척 높다. 본인이 하고 싶은 일을 하고, 배우고 싶은 것을 배우고, 남 탓을 안 하기 때문이다.

하루를 시작하는 아침이나 하루를 마감하는 밤 시간에 술잔을 기울이는 사람들을 많이 본다. 물론 스트레스를 풀기 위해 필요한 측면도 있을 것이다. 그러나 자주 술자리를 갖고 상당한 음주를 하면서 이를 통해 스트레스를 풀겠다고 고집하는 것은 한 번밖에 살지 못하는 인생에 큰 도움이 될 것 같지는 않다.

이러한 술자리에서의 대화 내용을 떠올려 보자. 어떤 얘기들을 하는가. 잦은 욕설과 불만 토로가 많을 것이다. 정치와 사회의 모든 면을 들먹이면서 세상 모든 일이 자신의 뜻대로 되지 않는 것을 탓한다.

술은 기분에 먹고 분위기에 취하기 때문에 순간적으로 행복감을 주는 것이 사실이다. 얼큰하게 취해서 세상을 바라보면 모든 것이 내 것인 양 기고만장해진다. 적당히 먹는 술은 정신적, 신체적 도움을 준다고 한다.

문제는 적당히 먹는 술이 아니라 술이 술을 먹는 상황이 반복된다는 점이다. 해장국집에서 밤새 술을 먹거나, 다른 곳에서 먹고 해장을 하는 사람들이 과연 행복할까? 술을 많이 먹은 다음 날은 숙취 때문에 일을 제대로 못 하고 비몽사몽간에 하루를 지낸다. 더 심한 경우에는 1주일 내내 정신 못 차리고 헤매기도 한다. 순간적인 즐거움은 있지만 결국 과음은 행복에 도움을 주지 못한다.

일본 교세라의 이나모리 회장은 인생과 조직의 성공 조건을 'S=ACE'라고 했다. '성공=태도×능력×노력'인데, 가장 중요한 것은 태도이고 특히 스스로 열정을 발산하는 자발적 태도가 중요하다고 했다.

많이 생각하고, 많이 읽고, 많이 웃고, 순간순간 최선을 다하는 태도가 삶의 중요한 영양소가 된다. 인생의 성공과 행복에 대한 방정식은 상대성 원리만큼이나 사람마다 다르다. 따라서 우리는 타인의 행복 방정식이 아닌 자신만의 행복 방정식을 만들어야 한다. 특히 우연이나 행운에 의해서가 아니라 자신의 노력으로 행복을 얻겠다고 생각한다면, 진지하게 자신만의 행복 방정식을 고민해야 한다. 아침 해장술을 먹을 것이 아니라 아침 조찬에 열심히 참석하는 것이 행복지수를 높이는 길이다.

길이 없으면 길을 만들며 간다. 여기서부터 희망이다.
— 고은 —

꿈이 실현되지 않는 원인은 그 바람이 비현실적이기 때문이 아니라,
그 바람을 실현하고자 하는 의지와 노력이 부족했기 때문이다
— 다케우치 히토시 —

Chapter 4

인생항해 잘하기 위한
기본 지식

— 내비게이터십의
기본 이해

NAVIGATORSHIP의 기본 개념

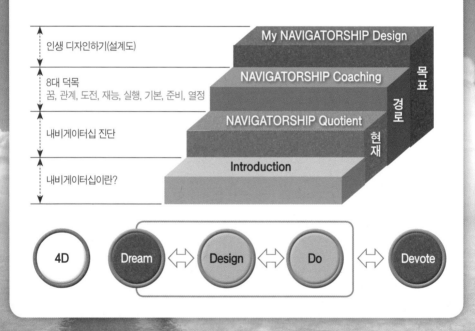

인생 디자인하기(설계도) — My NAVIGATORSHIP Design

8대 덕목
꿈, 관계, 도전, 재능, 실행, 기본, 준비, 열정 — NAVIGATORSHIP Coaching

내비게이터십 진단 — NAVIGATORSHIP Quotient

내비게이터십이란? — Introduction

목표 / 경로 / 현재

4D Dream ⇔ Design ⇔ Do ⇔ Devote

내비게이터십이란 무엇인가?

필자는 사람들이 스스로의 인생을 설계하고 행복·성공·꿈을 찾아내고 만들어가는 것을 돕기 위해 내비게이터십을 만들었다. 내비게이터십이란 "스스로 자기 자신이 가야 할 인생의 방향을 찾아 다른 사람과 더불어 성장하며, 조직과 사회에 기여하기 위한 원리·덕목 및 행동방식"을 말한다. 'Navigator'는 항해자이고, 'Ship'은 배라는 뜻이므로 "항해자+배=자기 스스로 인생이라는 배의 키를 잡고 항해하는 항해자"라는 의미가 된다. 행복한 성공을 찾아가는 데 반드시 갖추어야 하는 인간으로서의 기본 성품을 발견하여 인생항해도, 인생설계도를 그려보고 자신에게 맞는 실천방안을 만드는 프로그램이자 솔루션solution이다.

필자는 남의 강요에 의하지 않고, 타인의 모델을 맹목적으로 추종한 것도 아닌, 외부의 요구와 자신의 역량을 충분히 감안하여 가장 적합한 변화 모델을 스스로 만드는 사람을 우리는 '내비게이터navigator'라고 부르고 싶다. 내비게이터navigator는 스스로 모든 것을 계획하고 책임져야 하며, 생각하고 실천하는 사람이다. 자신과의 진솔한 대화 속에서 자기의 참모습을 찾고 부지런히 학습한다. 이 세상을 '눈으로 읽는 방관자'가 아니라 자신의 인생설계도를 만들고 직접 몸으로 부딪치며 실천하는 행동가이다. 인생은 '남이 들려주는 좋은 말씀'에 있는 것이 아니다. '구슬이 서 말이라도 꿰어야 보배'라는 속담과 같이 책 속에 있는 글을 눈으로만 읽지 말고 그대로 실천해야 내 것이 된다.

자신을 책임지는 내비게이터navigator가 되려면 우선 자신을 믿고 자신을 존중해야 한다. '나는 왜 이것밖에 안 될까?'라는 의심보다는 '나는 하나밖에 없는 소중한 존재이다.' 또는 '나는 잘할 수 있다.'는 자기 확신을 가져야 한다. 한 사람은 하나의 '소우주'와 다를 바 없다. 이렇게 소중한 나 자신을 존중하는 것이 내비게이터십의 첫 단추이다. 이번 장에서는 내비게이터십을 차근차근 짚어보도록 하겠다.

내비게이터십 프로그램은 오리엔테이션, NQ 진단Navigatorship Quotient, 꿈 찾기(목표 설정)와 실천방안 만들기, 인생설계(디자인) 등 총 다섯 단계로 진행된다. 내비게이션의 세 개의 점이 현재지, 경유지, 목적지로 구성되듯이 내비게이터십도 진단(출발점), 실천방안(중간 경유지), 꿈(도착점)의 세 가지 점을 연결하여 최종적으로는 인생설계도(인생항해도)를 만든다. 인생을 점들의 연결connecting the dots이라

NAVIGATORSHIP 프로그램 진행단계(21시간 기준)

1단계 (오리엔테이션) Group Building	2단계 (자기진단) Navigatorship Quotient	3단계 (목표 설정) Dream & Future	4단계 (실천 방안) Do & Devote	5단계 (마무리) Design
• 과정 안내 • 참가자 소개 • 자기 소개 • 그룹 구성	• 개인의 NQ 진단 • 조직의 NQ 진단 • 개인별 발표 • 그룹별 발표	• 미래 예측 • 꿈(목표) • 강점 파악 • 목표와 전략 수립	• 구체적인 실천방안 • 개인별 발표 • 팀별 발표 • 총평	• Wrap Up • 개인과 조직 통합 • 인생설계도 작성 • 마무리
⬅2시간➡	⬅3시간➡	⬅6시간➡	⬅6시간➡	⬅4시간➡

고 할 때 출발점보다 더 중요한 것이 도착점이며, 거기가지 도달하는 중간 경유지가 어떠했는지 역시 중요하다.

대부분의 차량에는 내비게이션이 장착되어 있고, 우리는 습관적으로 내비게이션을 켜놓고 운전한다. 지리를 잘 모르는 사람에게 내비게이션은 가장 든든한 동반자이면서 함께 여행을 하는 좋은 친구가 된다. 심지어 걸어가면서도 스마트폰에 있는 내비게이션으로 목적지를 검색하고 내비게이션이 지시하는 대로 움직이기도 한다.

이렇게 내비게이션을 활용할 때 제일 먼저 하는 일은 어디까지 갈 것인지 목적지를 입력하는 것이다. 그리고 어디에서 출발할 것인지 출발지를 입력하고 경유지를 선택할 수 있다. 이러한 경유지는 자신의 취향에 따라 최단거리를 선택하거나, 고속도로 또는 우회도로를 선택할 수 있다. 최근에는 실시간 교통정보를 받아서 새로운 경로를 내비게이션이 스스로 선택하기도 한다.

우리의 인생도 마찬가지로 내가 가고자 하는 도착점을 입력하는 것에서 시작된다. 도착점과 방향이 정해지면 그 다음으로 자신이 처한 환경이나 자신은 어디에 있는지 출발점을 진단해보고, 도착점에 가기 위해서 어떤 중간 경유지를 선택할지를 결정해야 한다.

내비게이터십은 '스스로' 인생의 목표dream를 정하고 그 목표를 이루기 위해서 '스스로' 세부적인 계획design을 세운 후 열정을 가지고 '스스로' 노력do하는 자기창조경영이다. 또한 혼자 가는 것이 아니라 다른 사람이나 조직, 사회와 함께 가는 것이므로 다른 사람이나 조직, 사회에 좋은 영향을 주어야 한다. devote

내비게이터십이 자신을 갈고닦아 사회에 헌신을 하는 것을 중요하게 여기는 것은, 우리가 궁극적으로 추구해야 하는 것은 나 홀로 사는 세상이 아닌 함께 사는 세상이기 때문이다. 사람은 혼자 독야청청獨也靑靑하며 살 수 없다. 우리는 어떤 공동체에든 속해 있으며 그 공동체에 이득이 되는 행동을 해야 한다. 그럼에도 혼자만 잘살기 위해서 남을 밟고 가려는 이들도 있다. 재주가 아무리 뛰어나도 그 재주가 다른 사람을 위해, 세상을 위해 쓰이지 않으면 아무런 의미가 없다. 나의 존재가 세상 누군가에게 무엇인가가 되는 삶이 가치 있는 삶이다. 나 때문에 다른 사람이 행복하고, 나 때문에 다른 사람이 성공할 수 있다면 그것만으로도 가치 있는 인생이다.

또한 가치 있는 삶은 과거나 미래가 아니라 현재에 있다. 현재 내가 있는 곳에서 지금 할 수 있는 일을 충실하고 일관성 있게 해야 한다.

그 일을 통한 나의 목표가 내 개인의 영달만이 아니라 반드시 공동의 목표와 동일선상에 놓여야 한다.

무엇보다 하루를 살더라도 내가 살고 싶은 인생을 살아가야 한다. 멀미가 심한 사람도 자기가 차를 직접 운전하면 멀미를 하지 않는다. 인생도 마찬가지다. 내 인생에서 승객의 자리에 앉지 말고 운전석으로 자리를 옮겨 멋지게 출발하자. 인생의 목적지를 내가 정하고 각각의 중간 경로도 내가 선택해서 항해하자. 이것이 진정 우리가 꿈꾸는 아름다운 인생의 모습이다.

내비게이터십과 리더십은 무엇이 다른가?

내비게이터십과 리더십 비교

구분	Navigatorship - 자가발전(내재적)	Leadership - 충전(외재적)
개인	• 내연(修己) • 에너지 흐름 안에서 밖으로 • 개인 중심 • 자기 진단-꿈-행동 → 조직 성장 • Positive(Y 이론) • 감성적 사고 • 통섭적 접근	• 외연(治人) • 에너지 흐름 밖에서 안으로 • 조직 중심 • 조직 진단-비전-실행 → 개인 성장 • Negative(X 이론) • 이성적 사고 • 분리적 접근
조직	• Middle Uo Down • 구성원 내부에서 조직으로의 영향 • 구성원 개인의 자기창조경영 • 구성원 개인 코칭 • 개인 중심의 공동체주의	• Top Down • 조직 밖에서 안으로의 영향 • 조직의 성과 달성 • 조직 컨설팅 • 조직 중심의 개인주의

내비게이터십은 미국이나 유럽에서 발달한 서구식 리더십과 동기 부여를 보완하는 프로그램이다. 앞서 설명했듯이 내비게이터십은 스

스로 자신을 수양하고 이를 바탕으로 세상에 도움을 주는 수기치인 (修己治人, 나를 수양하여 세상을 바르게 하는 것)과 수기안인(修己安人, 나를 갈고 닦아 다른 사람을 편안하게 해주는 것)의 철학이 담겨 있다. 다른 사람이 원하는 인생이 아니라 자신의 꿈을 찾아 인생을 직접 설계해보고, 스스로 실천해 자신과 가족 그리고 사회에 헌신하는 것이 내비게이터십의 기본 철학이다.

반면 서양에서 발달한 리더십leadership은 한마디로 다른 사람에게 영향력을 행사하는 것이다. 조직의 바람직한 목표 달성을 위해 개인이나 집단의 행동을 안내하고 영향을 미치는 과정이다.

리더십은 1차 대전과 2차 대전을 거치면서 전쟁 중 군대를 통솔하기 위해서 다듬어진 것이 기업이나 단체라는 조직에 들어온 것이다. 조직 중심의 사고에 의해서 특별한 리더leader를 양성하고 그 리더가 영향력을 발휘해 팔로워follower인 다른 사람들을 끌고 가는 것이 리더십의 기본 구상이다.

내비게이터십은 이를 역발상으로 뒤집어 본 것이다. 모든 사람들은 자신이 스스로 인생의 항해자로서 다른 사람을 따라가는 것이 아니라 자발적으로 목적지를 정하고 경로를 선택해서 자신의 인생을 개척할 수 있다. 내비게이터십은 스스로 자신을 들여다보는 것이다. 남의 시각이 아닌 자신의 시각으로 자신을 바라보는 것이다.

내비게이터십은 한마디로 자기창조경영이다. 스스로 자기 자신이 가야 할 인생의 방향을 찾고, 다른 사람과 더불어 성장하며, 조직과 사회에 기여하기 위한 원리, 덕목 및 행동방식이다. 리더십과 내비게이터십은 모두 인간과 조직을 대상을 한다는 점에서 동일하지만 접근방법에서 차이가 있다.

지금까지 동서양 철학의 흐름을 보면 서양은 합리적이고 개인적인 사고를 강조하기 때문에 머리의 기능인 이성을 중심으로 전개되었다. 반면 동양은 공동체 사고를 강조해서 가슴의 기능인 감성을 바탕으로 한다. 서양은 '심3 뇌7^{心3腦7}'의 사고이다. 감성이 30%, 이성이 70%를 차지한다. 반면 동양은 '심7 뇌3$^{心7 腦3}$'의 사고이다. 감성이 70%, 이성이 30%를 차지한다.

이제 통섭과 융합을 강조하는 흐름 속에서 동양과 서양이 함께 어우러지고 있다. 내비게이터십도 동양의 감성적인 사고와 서양의 이성적인 사고를 통합하고 있다. '현명한 머리와 뜨거운 가슴'이 내비게이터십을 나타내는 문구가 된다. 머리와 가슴이 어우러지고, 이성과 감성이 어우러지는 인간적이고 통합된 모습이다. 따뜻한 가슴을 중심으로 하되 현명한 두뇌가 함께 작동하는 것이다.

중요한 점은 내비게이션을 수시로 업그레이드upgrade하듯이 인생에서 내비게이터십을 통해 자신이 직접 업그레이드를 해야 한다는 것이다. 도로공사 때문에 길이 바뀌고 지형이 변경되었음에도 내비게이션을 업그레이드하지 않으면 길을 잃어버린다. 배가 태풍을 만나면 진로를 변경해야 하고, 비행기도 기상에 따라 회항을 하듯이 인생도 경우에 따라서는 돌아가야 할 때도 있다. 세상이 바뀌고 있음에도 자신의 인생설계도를 변경하지 않으면 낙오자가 될 수 있다. 때문에 인생설계는 단 한 번으로 끝나지 않는다. 매년 반복해서 업그레이드를 해야 한다. 차량용 내비게이션도 때에 따라 업그레이드해야 하는데, 우리 인생은 말해서 무엇 하랴.

내비게이터십의 철학적 배경

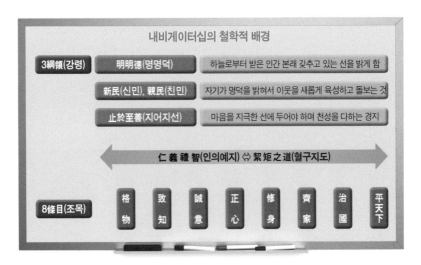

내비게이터십의 철학적 배경은 사서오경의 하나인 〈대학大學〉의 '3강령 8조목'에 두고 있다. 먼저 3강령은 명명덕明明德, 친민親民/신민新民, 지어지선止於至善을 말한다.

내비게이터십의 기본원리 중 '3강령'

▶명명덕^{明明德}: 명덕은 자신의 내면에 있는 자연 그대로의 밝음으로 '인간이 본래 갖추고 있는 선^善'이다. 명명덕이란 사람이 하늘로부터 받은 밝음을 밝히는 것을 말한다. 그래서 항시 빛난다. 그러므로 배우는 자들이 때 묻지 않게 하고 늘 본성을 밝게 닦아서 원래 하늘에서 타고난 대로 유지하는 것이다.

▶친민^{親民}/신민^{新民}: 다른 사람과 친하고 다른 사람을 새롭게 하는 것이다. 명명덕과 친민, 신민은 불가분의 관계에 있다. 자신이 본래부터 갖고 있는 본성을 밝혀서 주변 사람들에게 선한 영향을 미치는 것이 친민 또는 신민이다.

▶지어지선^{止於至善}: 지극한 선에 머문다는 의미로 생각과 행동이 항상 언제나 선을 바라보고 있음을 의미한다. 천성의 극을 다하고 한 치의 사욕도 없는 그런 경지를 말한다.

대학의 3강령을 종합해보면 개인적으로 타고난 명덕을 밝혀서 성품을 수립하고, 사회적으로 이웃을 새롭게 하여 세상을 밝히는 것이고, 종국에는 아름다운 지선의 경지에 다다르는 일이다.

이것을 사단^{四端}으로 표현하면 인의예지^{仁義禮智}가 된다. 인^仁이란 상대방의 기분과 입장에 서서 생각해주는 마음이고, 의^義란 사람이 마땅히 걸어야만 하는 바른 길이다. 예禮란 사회생활의 규범이고, 지智는 통찰력을 말한다. 대학의 마지막인 제10장에서 "위에서 싫어하는 것으로 아랫사람을 부리지 말 것이며, 아래에서 싫어하는 것으로 윗사람을 섬기도록 하지 말 것이다. 앞에서 싫어하는 것을 뒷사람의 앞에 놓지 말고, 뒤에서 싫어하는 것인데도 앞사람을 따르도록 하지 말 것이다. 오른쪽에서 싫어하는 것으로 왼쪽과 사귀지 말 것이며, 왼쪽에서 싫어하는 것으로 오른쪽과 사귀지 말 것이다."고 쓰여 있다.

지금부터는 8조목을 보자. 앞서 설명한 것처럼 필자는 〈대학大學〉의 3강령과 함께 8조목을 내비게이터십의 기본원리와 행동방식으로 삼고 있다.

내비게이터십의 기본원리 중 8조목

대학의 8조목은 격물(格物, 사물의 이치를 탐구함), 치지(致知, 지식을 확고히 함), 성의(誠意, 자신의 뜻을 진실 되게 함), 정심(正心, 마음을 정함), 수신(修身, 심신을 바로 갈고닦음), 제가(齊家, 집을 가지런히 함), 치국(治國, 나라를 다스림), 평천하(平天下, 천하를 평정함)이다.

이 중에서 제가齊家·치국治國·평천하平天下는 주로 치인治人 즉 정치에 관계되고, 수신修身·정심正心·성의誠意·치지致知·격물格物은 수기修己 즉 윤리적 도덕에 관계된다. 수신은 제가, 치국, 평천하에 대한 기본이 된다.

명덕을 천하에 밝히고자 하는 자는 먼저 그 나라는 다스리고 그 나라는 다스리고자 하는 자는 먼저 그 집안을 다스려야 하며 그 집안을 다스리고자 하는 자는 수신, 정심, 성의, 치지, 격물을 필요로 한다.

내비게이터십 개인진단의 덕목 및 키워드

우리는 자신의 꿈을 만들어가면서 삶의 의미를 찾고, 또 이를 인생의 궁극적인 목적으로 삼는다. 자신의 꿈과 열정을 찾아내 이를 최대한 발휘함으로써 자신의 가치를 실현하고 그 속에서 만족감을 얻는 것이다. 자신을 들여다보고, 생각하고, 대화하고, 깨닫는 것이 의미 있는 변화를 가져온다.

내비게이터십은 개인과 조직별로 행복한 성공을 이루는 8가지 덕목을 담고 있다. 먼저 개인에 대한 8가지 덕목은 '꿈 · 관계 · 도전 · 재능 · 실행 · 기본 · 준비 · 열정'이다. 여기에 관련 키워드가 각각 8개씩 총 64개의 키워드가 있다. 따라서 8개의 덕목과 64개의 키워드를 합하면 72개가 된다.

	NAVIGATORSHIP Virtues	사람(格物) – 스스로(修身)	행복(致知) – 함께(齊家)	마음(誠意) – 더 크게(治國)	행동(正心) – 세계로(平天下)
1	꿈	희망	사명	가치관	긍정
		상상	비전	목표	마음
2	관계	가족	사랑	파트너십	자비
		신뢰	의사소통	겸손	통섭
3	도전	건강	성장	자립	자존감
		용기	성과	혁신	창조
4	재능	재정(돈)	지혜	독서	몰입
		디지로그	전문가	문화	글로컬
5	실행	직업(일)	일과 삶의 균형	중용	회복탄력성
		습관	동기부여	시간	경쟁적 협조
6	기본	친구	예의	감사	경청
		정직	존중	웃음	배려
7	준비	미래 예측	노력(최선)	솔선수범	직관
		시작	끈기	진정성	변화
8	열정	호기심(관심)	주인의식	기록	결단력
		여유(여행)	고객	근면성실	헌신

▶ 꿈夢, dream: 인생에 있어 반드시 이루고 싶은 희망이나 이상. 간절하고 선명하며 의미 있는 꿈을 꾸어라. 다만, 열심히 노력해서 꿈에 대한 대가를 지불해야 한다. (끌어당김의 법칙+대가지불의 법칙.)

관련 키워드는 희망, 사명, 가치관, 긍정, 상상, 비전, 목표, 마음.

▶ 관계關係, relations: 둘 이상의 사람, 사물, 현상 따위가 서로 관련을 맺는 것. 사람은 사회적 동물이므로 인간관계 없이 살아갈 수 없다. 50:50의 법칙을 지키고 좋은 사람을 만나라. 주변 사람을 잘되게 만들면 내 인생도 잘 풀릴 것이다. (50:50의 법칙+고객성공의 법칙.)

관련 키워드는 가족, 사랑, 파트너십, 자신감, 신뢰, 의사소통, 겸손, 통섭.

▶도전挑戰, challenge: 비록 어려운 목표라 하더라도 필사적으로 맞서 보겠다는 결의. 준비되었으면 남보다 먼저 과감하게 시도하라. 다만, 한 번의 도전에 모든 것이 이루어지지 않는다. (선점우선의 법칙+공짜 없음의 법칙.)

관련 키워드는 건강, 성장, 자립, 자존감, 용기, 성과, 혁신, 창조.

▶재능才能, talent: 어떤 일을 하는 데 필요한 재주와 능력. 선천적·후천적인 것 포함. 나만의 특별한 전문가적 경쟁력을 갖추어라. 내 강점을 개발하고 콘텐츠, 마케팅, 관리 등을 차별화해야 한다. (전문성의 법칙+차별화의 법칙.)

관련 키워드는 돈, 지혜, 독서, 몰입, 디지로그(디지털과 아나로그의 합성어.), 전문가, 문화, 글로컬. (글로벌global과 현지local의 합성어.)

▶실행實行, execution: 계획에 맞게 실제로 행하는 것. 지금 당장 스스로 실천하라. 머리Head, 가슴Heart, 손Hand이 함께 해야 결과가 나온다. (Just do it Now의 법칙+몰입의 법칙.)

관련 키워드는 직업, 일과 삶의 균형, 중용, 회복탄력성, 습관, 동기부여, 시간, 경쟁적 협조.

▶기본基本, basics: 사물이나 현상, 이론, 시설 따위의 기초와 근본. 어떠한 일이 있어도 사람으로서 됨됨이를 버리지 마라. 기초가 약한 건물은 오래 가지 못한다. (됨됨이 법칙+인과응보의 법칙.)

관련 키워드는 친구, 예의, 감사, 경청, 정직, 존중, 웃음, 배려.

▶준비準備, preparation: 미리 마련하여 갖춤. 미리 준비하는 운 좋은 사람이 되어라. 자고 나니 유명해진 사람은 없으니 10,000번 연습하고 또 연습하라. (우회축적의 법칙+1만 시간의 법칙.)

관련 키워드는 미래 예측, 노력, 솔선수범, 직관, 시작, 끈기, 진정성, 변화.

▶열정熱情, passion: 어떤 일에 열렬한 애정을 가지고 열중하는 마음. 꿈을 향해 피와 땀과 눈물을 흘려라. 열정은 다른 사람을 감동시키고 전염시키는 힘을 갖고 있다. (피와 땀과 눈물의 법칙+열정 전염의 법칙.)

관련 키워드는 호기심, 주인의식, 기록, 결단력, 여유, 고객, 근면성실, 헌신.

행복한 성공을 위해서는 꿈dream이라는 씨앗이 있어야 한다. 이를 자라게 하는 촉촉한 비 역할을 하는 것이 관계relations, 열정passion이다. 관계가 풍요로울수록 열정이 뜨거울수록 꿈은 건강하게 싹을 틔우고 무럭무럭 자랄 수 있다. 재능talent은 꿈을 키우는 데 좋은 비료가 된다. 선천적이든 후천적이든 재능은 꿈이 튼튼하게 자라는 데 가장 큰 힘이 된다.

꿈이라는 씨앗이 싹을 틔우고 자라는 데 있어 필요한 정신이 도전challenge과 실행execution이다. 이 두 가지 정신이 없으면 꿈 씨앗은 싹을 틔울 수도, 바위를 뚫고 자라거나, 가뭄을 견딜 수 없다. 기본basic과 준비preparation는 꿈을 이루는 영양소 역할을 한다.

로또 복권을 긁으며 내 인생을 뒤집을 '한 방'을 막연히 기다리는 것보다, 지금 이 순간에 최선을 다한다면 행복한 성공이 성큼 다가올 것이다. 지금 이 순간은 연습이 아닌 진짜 인생이다. 지금 이 순간에 집중하며 사는 동시에 영원한 시간이 있는 것처럼 일에 몰두할 필요가 있다. 프랑스의 철학자 장 폴 사르트르Jean Paul Sartre는 "인간의 일생은 B와 D 사이의 C"라고 한다. B는 탄생Birth, D는 죽음Death, 그리고 C는 선택Choice을 말한다. 즉 인생은 곧 탄생과 죽음 사이의 선택이라는 것이다. 우리는 탄생 후 생을 마감할 때까지 늘 선택의 순간에 직면한다. 탄생과 죽음은 인간의 뜻대로 결정할 수 없다. 신의 영역이다. 하지만 선택은 그렇지 않다. 선택의 순간에 결정의 주인은 우리들 자신이다. 삶에서 선택의 순간을 피할 수는 없다. 선택은 운명이다. 자신의 선택에 오만하지 않고, 후회하지도 말고, 언제나 신중하게 갈 길을 결정해야 한다. 내비게이터십은 이러한 선택의 순간에 조금 더 건강하고 좋은 결정을 할 수 있도록 우리를 도와줄 것이다.

내비게이터십 조직진단의 덕목 및 키워드

내비게이터십 개인진단은 자신이 현재 어디 있는지 파악하고 목표 설정을 통해서 꿈을 찾아낼 수 있도록 돕는 데 목적을 둔다. 꿈과 현실의 갭gap을 8개 덕목의 실천방안으로 메워가는 것이다. 이렇게 성장하는 개인은 자신이 속한 조직의 성장도 견인할 수 있다.

내비게이터십에는 개인진단과 함께 조직진단 툴도 있다. 개인과 조직을 함께 다루는 이유는 개인의 행복과 조직의 성장은 서로 유기적 관계를 가지고 있기 때문이다. 자신의 삶에서 행복을 추구할 줄 아는 사람이 조직의 성장에 진실 어린 관심을 갖고 노력할 줄 안다. 단지 보스에게 잘 보이기 위한 겉치레가 아니기에 진짜 충성도와 의리가 뛰어나다. 조직은 누구나 이러한 직원을 원한다.

내비게이터십 조직진단에서 말하는 여덟 가지 덕목은 가치성, 관계성, 도전성, 전문성, 공정성, 신뢰성, 창조성, 자율성이다. 여기에도 개인진단과 마찬가지로 관련키워드가 있는데 각각 다섯 가지씩 총 마흔여덟 개의 키워드가 있다.

내비게이터십 조직 진단의 여덟 가지 덕목과 관련 키워드

가치성	기업 비전	일의 의미	정직	긍정	헌신
관계성	소통	관심	배려	협업	나눔
도전성	혁신	성장	투자	미래	발전
전문성	육성	몰입	전문가	핵심역량	교육 훈련
공정성	보상	감사	인정(칭찬)	승진	자부심
신뢰성	믿음	일과 삶의 균형	가족	안전	고용 안정
창조성	창의	연구 개발	경쟁력	다양성	재미
자율성	자발	권한 이양	자기계발	의사 결정 참여	독서

▶가치성價値性, value: 조직은 구성원들이 하고 있는 일이 즐거우면서 긍정적이고 기업이 사회에 의미 있는 '가치'를 창출해야 한다. 관련키워드는 기업비전, 일의 의미, 정직, 긍정, 헌신.

▶관계성關係性, relationship: 조직은 상사, 동료, 부하 등 구성원들이 웃음으로 소통하고 협업하며 관심과 배려를 통해 서로 간의 '관계'가 좋아야 한다. 관련키워드는 소통, 관심, 배려, 협업, 나눔.

▶도전성挑戰性, challenge: 조직은 혁신과 투자를 통해서 미래에도 지속적으로 성장하고 발전하도록 만드는 '도전' 정신이 충만해야 한다. 관련키워드는 혁신, 성장, 투자, 미래, 발전.

▶전문성專門性, professionalism: 조직은 인적자원개발을 통해 각자의 핵심역량을 육성하면서 몰입할 수 있는 '전문성'을 키워줄 수 있어야 한다. 관련 키워드는 육성, 몰입, 전문가, 핵심역량, 교육훈련.

▶공정성公正性, Equity: 조직은 보상과 승진이 '공정'하고 자부심과 인정을 통해 조직에 감사할 수 있는 환경을 만들어야 한다. 관련 키워드는 보상, 감사, 안정, 승진, 자부심.

▶신뢰성信賴性, reliability: 조직은 안전과 고용보장이라는 믿음을 통해서 가족과 직장생활이 균형을 이룰 수 있는 믿음과 '신뢰'가 있어야 한다. 관련 키워드는 믿음, 일과 삶의 균형, 가족, 안전, 고용안정.

▶창조성創造性, creativity: 조직은 지혜와 창의를 바탕으로 연구개발을 통해서 경쟁력을 갖출 수 있도록 지원을 하는 '창조성'이 있어야 한다. 관련 키워드는 창의, 연구개발, 경쟁력, 다양성, 재미.

▶자율성自律性, autonomy: 권한위양과 의사결정에 참여시키고 자발적으로 자기계발을 할 수 있는 '자율성'을 부여해야 한다. 관련 키워드는 자발, 권한위양, 자기계발, 의사결정참여, 독서.

대한민국은 물적物的자원은 거의 없고 인적人的자원인 사람이 유일하기 때문에 그 사람들이 창의적이고 열정적으로 도전해서 새로운 부가가치를 만들어내야 살아남는다. 현대인들은 직장인, 프리랜서, 비즈니스라는 형태를 통해서 기업이라는 조직과 거미줄처럼 연결된다. 결국 기업이라는 조직과 연결된 사람들이 신나고 즐거워야 세상이 밝아진다.

기업이 지속성장을 하려면 구성원을 행복하게 해줘야 한다. 행복한 사람이 생산성도 높고, 적극적이면서 문제해결도 잘한다. 행복한 사람이 성과를 더 내고, 기업은 이를 통해 더 성장하게 되며, 주주들은 더 행복해지고, 세상의 행복총량도 늘어난다. 그렇다면 기업은 구성원들이 행복하도록 도와주려는 철학과 정책, 전략과 방침을 수립하고 이를 CEO가 먼저 솔선해서 실천해야 한다. 말로는 구성원의 행복을 외치지만 실제로는 노예처럼 부려먹는다면 아무도 열정을 투자하지 않는다.

CEO의 첫 번째 역할은 구성원들을 행복하게 해주고 이를 통해 기업이 지속 성장하면서 주주에게 이익을 안겨주는 것이다. 그렇다고 무조건 칭찬하고 보상을 많이 하는 것이 아니라, 올바른 인간으로 성장시켜줘야 한다. 구성원의 행복이 CEO가 무조건 잘해주는 것으로 만들어지는 건 아니기 때문이다. 조직에서는 인사제도, 복지후생 시스템이 사람의 행복을 중심으로 설계해야 한다. 공간·시간·생각 그리고 시스템이 사람 중심으로 짜여져야 한다.

가치성·관계성·도전성·전문성·공정성·신뢰성·창조성·자율성 등 내비게이터십 조직진단의 여덟 가지 덕목은 구성원을 행복하게 하고 조직을 성장시킬 수 있는 조건이다. 내비게이터십 조직진단은 그 조직에 이러한 중요 덕목들이 살아 있는가를 알 수 있게 해준다.

구성원이 행복하려면 첫 번째로 자신의 일이 스스로에게 즐겁고 긍정적이면서 나아가 사회에 의미 있는 '가치'를 창출해야 한다.

두 번째로 상사, 동료, 부하 등 구성원들이 웃음으로 소통하고 협업하며 관심과 배려를 통해 서로간의 '관계'가 좋아야 한다.

세 번째로는 혁신과 투자를 통해서 미래에도 지속적으로 성장하고 발전하도록 만드는 '도전' 정신이 충만해야 한다.

네 번째로는 인적자원개발을 통해 각자의 핵심역량을 육성하면서 몰입할 수 있는 '전문성'을 키워줄 수 있어야 한다.

다섯 번째로는 보상과 승진이 '공정'하고 자부심과 인정을 통해 조직에 감사할 수 있는 환경을 만들어야 한다.

여섯 번째로는 안전과 고용보장을 통해서 가족과 직장생활이 균형을 이룰 수 있는 믿음과 '신뢰'가 있어야 한다.

일곱 번째로는 지혜와 창의를 바탕으로 연구개발을 통해서 경쟁력을 갖출 수 있도록 지원을 하는 '창조성'이 있어야 한다.

여덟 번째로는 권한위양과 의사결정에 참여시키고 자발적으로 자기계발을 할 수 있는 '자율성'을 부여해야 한다.

이러한 조직이야말로 구성원이 자신의 행복을 키우며 사회, 국가까지 선한 영향력을 미칠 수 있다.

CEO라면 누구나 자기 회사가 성공하기를 바란다. 성과를 내라고 직원들을 닦달하기보다 자신이 경영하고 있는 회사가 어떤 성향을 가지고 있는지를 객관적인 눈으로 평가해야 하고, 부족한 것은 보충할 줄 알아야 한다. 직원들에게는 역량을 키우라고 압박하면서 스스로나 조직적으로 단점을 보완할 줄 모른다면 어떻게 좋은 결과를 기대할 수 있겠는가. '명장 밑에 졸개 없다.'는 말처럼 좋은 리더에게 좋은 팔로워가 따른다는 것을 잊지 말아야 할 것이다.

전체와 부분을 함께 담은 내비게이터십

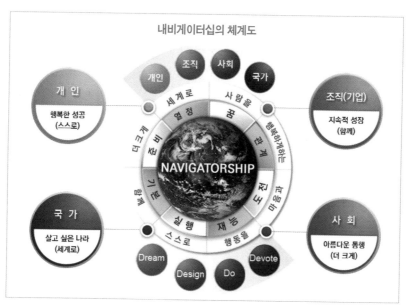

내비게이터십의 전체적인 체계도는 우주의 원리를 담고 있다. 우주 속에 지구가 있고 지구 속에 사람이 있다. "사람을 행복하게 하는

마음과 행동을 스스로 함께 더 크게 세계로"라는 원리와 행동방식이 존재한다. 개인은 행복한 성공을 해야 하고, 조직은 지속적인 성장을 해야 하며, 사회는 아름다운 동행을 하고, 국가는 살고 싶은 나라가 되어야 한다.

세상은 공평하게 만들어지지는 않았다. 강한 자와 약한 자가 존재하고, 부자가 있으면 가난한 사람도 있다. 많이 배운 사람도 있는 반면 학교 근처에도 못 가본 사람도 있다. 씨앗도 좋은 땅에 심어진 것이 있지만 사막에 떨어진 것도 있는 것처럼 사람의 환경은 모두 다르다. 동물이나 식물은 주어진 환경에 적응하면서 살아가지만 사람은 주어진 환경에 적응할 뿐만 아니라 새로운 환경을 만드는 것도 가능하다. 자기의 인생을 어떻게 가꿀 지는 자신의 의지와 마음에 달려 있다. 꿈을 크게 가지고 한 걸음씩 내딛다 보면 어느새 행복한 성공이라는 고지에 도달한 자신을 발견할 것이다. 세상 탓을 하지 말고 내가 움직여서 세상을 바꾸면 된다.

어느 누구도 남의 인생을 대신 살아줄 수 없다. 자신의 삶은 오로지 자신이 설계하고 스스로 자신의 내비게이터를 찾아야 한다. 그러면서도 개인의 행복한 성공이 조직의 성장으로 연결시키려는 것이 내비게이터십의 생각이다.

전체와 부분이 어울리듯이 개인과 조직, 국가, 세계도 따지고 보면 모두가 '따로 또 함께'하는 것이고, '함께이면서도 따로' 있는 것이므로 나를 중심으로 상대방과 세상 만물을 존경하는 사고가 필요하다.

이 세상의 모든 것은 촘촘히 연결되어 있는 그물처럼 무수히 많은 관계 속에서 존재한다. 아메리카 인디언은 말을 타고 달리다가 멈춰서서 자기가 달려온 길을 되돌아본다. 자기 영혼이 미처 따라오지 못했을까 봐 따라오기를 기다리는 것이다. 이제 우리도 자신이 달려온 길을 돌아보고 앞으로 어디를 항해할 것인지 차분하게 궤적을 그려보는 시간을 가져야 한다. 그리고 지금의 궤적을 아름답게 만들어야 한다.

숨겨진 재능을 찾으려 노력하지 않는 것은, 포장도 뜯지 않은 채 소포를 보관하는 것과
마찬가지다. 신이 무엇을 담아 보냈는지 우리는 반드시 확인해봐야 한다.
재능이 부족하다고 걱정하지 마라. 인생에서 재능보다 중요한 것은 진로다.
똑같은 볼펜이지만 메모지에 쓰면 낙서가 되고 일기장에 쓰면 일기가 되며
원고지에 쓰면 대본이 된다.
— 양광모 —

인생에서 가장 큰 성공비결은 준비된 상태에서 기회를 맞이하는 것이다.
— 벤자민 디즈레일리 —

Chapter 5

내비게이터십 코칭
(Navigatorship Coaching)

NAVIGATORSHIP
Coaching

자신의 꿈이 가리키는 곳을 보기

　행복한 성공을 위해 제일 먼저 해야 할 일은 선명하고 의미 있는 꿈을 만들고 이를 목록(Dream List)으로 만드는 것이다. 꿈이 있는 사람은 풍파 많은 인생 속에서도 절망하지 않고 희망을 찾아내며, 포기하지 않고 꿈을 향해 나아갈 수 있다.

　◆ 살아가는 목적과 의미를 담은 사명선언서를 만들어 수시로 읽어본다.
　◆ 자신만의 올바른 가치관이 정립되어 있는지 스스로에게 질문한다.
　◆ 긍정적으로 세상을 바라보고 긍정적인 태도를 끝까지 유지한다.
　◆ 기발한 상상력을 발휘하고, 상상이 이루어진 것처럼 신나게 살아간다.
　◆ 기한이 정해진 미래의 비전을 만들고 이를 달성하기 위해 필요한 자원을 찾아낸다.
　◆ 꿈을 이루기 위한 장단기목표를 정해놓고, 해야 할 일의 목록(Do List)을 실천한다.
　◆ 모든 것은 내 마음에 달려 있다는 '일체유심조(一切唯心造)'를 생활화한다.

관계가치를 키우기

　행복한 성공을 위해 좋은 사람과 좋은 관계를 맺고 유지하려고 노력하고, 관계를 맺은 사람에게 책임감을 갖도록 한다. 특히 가족과의 유대감은 우리에게 정서적인 안정감을 확보해주고 신뢰감 있는 인간으로 성장하는 버팀목이 되어준다.

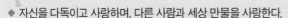

◆ 자신을 다독이고 사랑하며, 다른 사람과 세상 만물을 사랑한다.

◆ 자연, 인간, 세상과 50:50의 법칙을 지키며 파트너십으로 상생한다.

◆ 수입이나 시간의 10% 정도는 기부하는 자비심을 가진다.

◆ 서로 간에 믿음과 신뢰를 기본 바탕으로 한다. 의사소통을 잘하고 다른 사람의 말을 경청하는 습관을 들인다.

◆ 사람 사이의 관계에서는 겸손함을 밑천으로 삼는다.

◆ 이분법적이고 흑백논리가 아닌 통섭적인 사고를 한다.

도전하고 또 도전하기

행복한 성공을 위해서는 도전해야 하며 공짜로 얻어지는 것은 없다. 도전을 하지 않는 한 성장은 일어나지 않는다. 나 자신의 지속적인 성장을 통해 나와 사회의 부가가치를 향상시켜야 한다.

도전하지 않는 사람은 정신적·육체적으로 단련되기가 어렵기 때문에 낯선 상황이나 난관을 만났을 때 무너지거나 다른 사람의 힘에 의지하기 쉽다. 따라서 도전을 통해 내 인생을 주도적으로 살아가는 자립적인 셀프 내비게이터가 되자.

◆ 자존감을 바탕으로 나를 찾고 나를 위한 인생을 살아간다.
◆ 용기를 가지고 모험을 즐기며 언제나 앞장서서 솔선수범한다.
◆ 과정도 중요하지만 성과가 나오도록 신경 쓴다.
◆ 매년 새로운 이력서를 작성할 수 있도록 혁신을 지속한다.
◆ 창조적인 아이디어를 통해서 새로운 부가가치를 만들어 나간다.

나의 독특한 재능은?

행복한 성공을 위해 자신만의 재능을 찾으려는 시도는 살아 있는 동안 지속되어야 한다. 매일 판에 박힌 일상에 함몰되지 말고 자신의 재능을 발굴, 계발하는 노력을 기울이자.

 자신을 돌아보는 마음의 여유와 재능 개발을 위한 물질적·시간적 여유를 담보해 주는 경제적인 자립능력을 갖춘다.

◆ 지식을 행동으로 실천하며 경험을 축적하는 지혜를 갖춘다.

◆ 끊임없이 책을 읽고 공부한다.

◆ 나의 재능을 필요로 하는 곳을 찾아가 재능을 기부한다.

◆ 학습이든 일이든 마무리될 때까지 몰입한다.

◆ 아날로그 형태로 되어 있는 글, 소리, 사진을 디지털파일 형태로 보관한다.(기록 관리의 중요성.)

◆ 자신만의 장점을 찾아 계발하고 자신의 브랜드로 키운다.

◆ 우리나라와 다른 나라의 문화를 공부하고 국내외 문화여행을 간다.

◆ 외국인과 대화가 가능하도록 제2외국어 하나를 선택해 공부한다.

다섯 번째 코칭

행동으로 옮기는 습관 만들기

행복한 성공을 하겠다는 생각을 했으면 반드시 실행으로 옮기는 것이 중요하다. 천 번의 기도보다 한 번의 실천이 나를 바꾸고 세상을 바꾸는 것임을 잊지 말자.

◆ 좋아하고, 잘하고, 가치 있는 일을 찾는다. 그러나 그렇지 않더라도 즐겁게 최선을 다한다.

◆ 일할 때는 일에 집중하면서 일과 삶의 균형(Work & Life Balance)을 유지한다.

◆ 일할 때도 놀 때도 열심히! 일이나 삶에 있어서 지나침이나 모자람보다는 중용을 지킨다.

◆ 유연하게 사고하고 피할 수 없다면 즐기겠다는 마음을 갖는다.

◆ 좋은 습관은 계속 유지하고 나쁜 습관은 버리는 훈련을 지속한다.

◆ 나 자신을 위한 이벤트를 자주 해서 스스로를 격려한다.

◆ 시간은 가장 소중한 자산이니 시간을 낭비하지 않도록 시간관리에 신경을 쓴다.

여섯 번째
코칭

기본 '됨됨이'를 갖추기

행복한 성공을 위해서는 사람으로서의 기본(인의예지仁義禮智)을 갖추어야 한다. 기본이 없는 사람은 금방 밑천이 드러난다. 내가 기본을 갖춰나가면 좋은 일에 서로 어울리고 어려울 때 서로 도와줄 수 있는 사람들도 모이게 된다. 나도 기본 됨됨이를 갖춘 사람이 되고, 그런 사람을 주변에서 찾아 좋은 관계를 맺도록 하자.

◆ 나 자신을 존중하고 가족과 동료 그리고 주변 사람들에게 예의를 갖추고 진심으로 존중한다.
◆ 나와 다른 사람들이 함께 즐거울 수 있도록 유머 감각을 키운다.
◆ 살아있음에 감사하고 감사일기와 감사편지를 생활화한다.
◆ 마음을 열고 진심으로 경청하여 상대방의 입장을 이해하는 자세를 갖는다.
◆ 나와 다른 사람을 속이지 않는 정직한 삶을 살고 부정한 소득(뇌물이나 향응 등)은 거부한다.
◆ 언제나 미소를 잃지 않고 신나고 즐겁게 웃는다.
◆ 당신 먼저(After You)!를 실천하며 어려운 사회적 약자 등 다른 사람을 먼저 배려한다.

항상 준비된 자세를 갖추기

행복한 성공은 언제나 준비된 사람에게 찾아온다. 기회는 준비하지 않는 사람을 비켜가는 속성을 가지고 있다. 매일 단 한 걸음이라도 발전하는 생활을 하자.

◆ 1, 5, 10년 후 미래를 예측하고 계획하며, 그에 맞게 인생을 새롭게 설계한다.

◆ 최고가 되도록 스스로를 갈고 닦는 노력을 기울인다.

◆ 내가 먼저 솔선수범한다. 내가 스스로 하는 일은 신나고 즐겁다.

◆ 가슴속에 있는 직관을 믿으며 직관에 따른 의사결정을 자주 한다.

◆ 새로운 일을 시도하는 것을 즐긴다.

◆ 끝까지 포기하지 않고 끈기로 자신이 세운 목표를 향해 나아간다.

◆ 인생에 '정성'을 다한다.

◆ 수입의 10%는 나에게 재투자한다.

꿈을 향해 간절히 열정을 불사르기

우리 사회가 요구하는 인재는 단순한 기술자가 아닌 일에 대한 열정을 가진 전문가다. 열정은 그가 프로인지 아마추어인지를 구분하는 중요한 조건이다. 열정이 있는 사람은 자신을 성장시키고 더 나아가 주변 사람, 자신이 속한 공동체까지 행복한 성공으로 이끌 수 있다.

 주변에서 일어나는 일에 호기심을 갖고, 세밀한 관심을 기울인다.

◆ 언제 어디서나 스스로 주인의식으로 무장한다.

◆ 기록과 메모를 생활화함으로써 기억력의 부족한 부분을 채워나간다.

◆ 심사숙고해서 결정을 내리지만 결론이 나면 즉시 실행하는 결단력을 보인다.

◆ 바쁜 가운데서도 삶의 여유를 찾아 여행을 떠나거나 적당한 쉼표를 만들어낸다.

◆ 나뿐 아니라 주변 사람들을 성공시키기 위해 최선을 다한다.

억만장자들은 자신의 일을 사랑한다. 일이 돈을 벌어다 주기 때문이 아니다.
자신이 싫어하는 일을 하면서는 그처럼 부자가 될 수 없다.
부자가 되려면 가장 먼저, 당신이 하는 일을 사랑해야 한다
— 도널드 트럼프 —

Chapter 6

내비게이터십
인생 설계도

NAVIGATORSHIP
Life Design

내 인생연극의 대본(시놉시스)

우리의 삶을 연극에 비교했을 때 어떻게 정의할 수 있을까? 여기서는 앞에서 정리된 내용을 바탕으로 내 인생의 1장짜리 대본(인생설계도)를 그려본다. 각각의 시기를 떠올려 보면서 작성해보자. 만약 아직 그 시기를 맞이하지 않았다면 상상하여 적어보자.

인생연극의 제목은 만약 내가 살아가는 이야기를 연극이나 드라마, 영화로 만든다면 어떤 제목이 좋을지 생각하며 붙여본다. 그 다음에는 연습기(봄), 제1막(여름), 제2막(가을), 제3막(겨울)에 따라 살아온 얘기나 살아갈 얘기를 키워드 위주로 적어본다.

연습기는 인생의 준비기간으로서 학교 다니며 부모로부터 독립하기 이전이므로 배우고 연습하는 것이 주된 활동일 것이다.

제1막은 부모로부터 독립하여 자신의 인생을 개척해나가는 기간이므로 일을 통한 자아실현과 가정을 이루어 나가는 것이 중요하다.

제2막은 치열한 청년기를 벗어나 인생의 정점에서 내려가는 기간이므로 여유와 소통이 중요하다.

제3막은 인생을 마무리하는 기간이다.

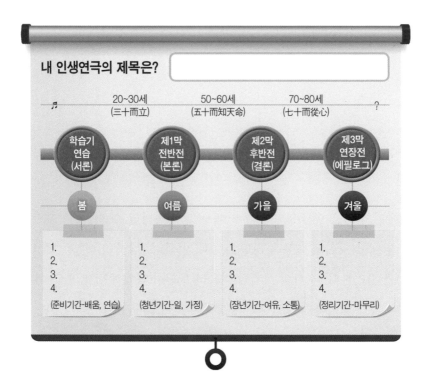

나의 10년 후, 20년 후 명함

10년 후의 명함, 20년 후의 명함은 내 경력 경로를 구체화해보는 과정이다. 내가 해보고 싶은 일이나 해야만 되는 일을 중심으로 내가 만들어 나가는 내 인생의 경력경로를 명함이라는 이름으로 정리해 보자.

10년 후 내 모습 그려보기

앞서 명함보다 훨씬 더 구체적인 나의 모습을 상상해보자. 우리의 뇌는 구체적인 장면이 떠오르는 것에 더 강력한 반응을 보인다고 한다. 생생한 꿈은 실현 가능성이 훨씬 높다.

1. 10년 후 나는 TV 인터뷰를 하고 있다. 무슨 인터뷰일까?

2. 10년 동안 내가 이루어낸 것을 상상한다면?

3. 10년 후 내가 살고 있는 집을 구체적으로 상상해 본다면?

4. 10년 후 내가 출근하는 사무실이나 작업장을 상상해 본다면?

5. 10년 후의 아침부터 저녁까지의 일과를 상상해 본다면 어떤 모습일까?

6. 10년 후 내가 만나는 사람들은 누구일까?

10년 후의 내가 현재의
나에게 감사편지 쓰기

    인생에서 과거를 바꿀 수는 없지만, 미래를 상상하고 미래를 만들어 나가는 것은 가능하다. 현재는 미래의 과거이므로 이 현재를 바꾸면 미래가 바뀌게 된다. 10년 후의 내가 현재의 나에게 감사편지를 쓴다는 것은 세상을 열심히 잘 살아준 자신을 다독이는 것이다. 나를 도와준 다른 사람에게 감사편지를 쓰는 것은 당연하고, 험한 세상 잘 버티고 열심히 살아준 나 자신에게 고마움을 표시하는 것이다.

인생은 단 한 번뿐인 길고 먼 항해입니다. 다시 돌아올 수 없는 일방통행입니다.

그 인생을 우리는 즐겁고 행복한 여행으로 만들어야 합니다.

왜 사는지, 어떻게 살 것인지, 무엇을 할 것인지를 생각하세요.

큰 꿈(Dream)을 꾸고 그 꿈을 이루기 위해 스스로 인생설계도(Design)를 그리고 지금 바로 스스로의 노력으로 실천방안을 만들어 행동(Do)하십시오.

내 운명의 선장은 바로 나, 내 인생연극의 주인공도 나입니다.

먼저 나를 사랑하십시오. 그리고 하고 있는 일과 공부를 사랑하세요.

긍정적이고 아름다운 마음으로 세상을 바라보세요.

항상 다른 사람을 따뜻한 눈으로 대하고 함께 한다는 생각을 하세요.

살아 있음에 감사하고 그냥 웃고 함께 어울리세요.

나와 이 세상을 조금이라도 아름답게 만들었다면(Devote) 성공한 인생입니다.

구건서

내비게이터십 진단

내비게이터십 질문지에 의한 개인진단 방법

① 편안하게 깊은 심호흡을 한 후 천천히 설문을 읽고 점수를 생각한다.

② 점수는 1~10점 사이에서 본인이 자신을 평가하는 것이다.

③ 본인과 거리가 멀면 1~3점, 중간 정도면 4~7점, 본인의 얘기라고 생각되면 8~10점을 준다.

④ 시간은 충분히 가지되 너무 오래 생각하지 말고 직관적으로 떠오르는 점수를 적는다.

⑤ 점수표의 흰색 빈칸에 생각했던 점수를 써 넣는다.

⑥ 잘 이해되지 않는 것이 있더라도 추측을 해서 점수를 준다.

⑦ 질문마다 정답이 있는 것이 아니니 편안하게 적는다.

⑧ 40개의 문항을 마쳤으면 흰색 칸의 점수를 아래로 더해서 소계를 완성한다.

⑨ 소계를 더해 각 번호별 총계점수를 낸 숫자를 각 번호에 적는다.

⑩ 총계점수를 내비게이터십 휠(wheel, 바퀴)에 표시하고 선을 이어주면 나만의 내비게이터십 휠wheel이 완성된다.

No.	내 용	1	2	3	4	5	6	7	8	9	10
1	나는 엉뚱한 상상을 즐기며 내가 꼭 해보고 싶은 의미 있는 '꿈의 목록(Dream List)'을 적어놓고 있다.										
2	나는 겸손한 자세로 다른 사람을 대하며 전화, SNS, 방문, 식사, 동호회 등을 통하여 '관계'에 시간을 투자한다.										
3	나는 나 자신을 존중하며 어려운 문제에 부딪혔을 때 나 자신을 믿고 일단 '도전'한다.										
4	나는 직간접 경험을 바탕으로 한 지혜를 갖고 있으며 나만이 할 수 있는 특별한 '재능'이 있다.										
5	나는 스스로 동기부여를 하고, 전략이 수립되면 이를 바로 실행하는(Just do it now!) '실행'중심주의자다.										
6	나는 다른 사람의 말을 잘 경청하며 '기본(Basic)'에 충실하고 의리를 지키는 됨됨이가 있는 사람이다.										
7	나는 어떤 일이든 내가 먼저 솔선수범하며 미리미리 '준비'를 한 후에 일을 시작한다.										
8	나는 주변에서 일어나는 일에 관심을 갖고 열심히 일하고 열심히 공부하고 열심히 노는 '열정'을 가진 사람이다.										
9	나는 내가 살아가야 하는 이유인 나만의 '사명선언서'를 글로 적어놓고 있다.										
10	나는 매일 '가족'과 1시간 이상의 정겨운 대화를 하고 매주 하루는 온 가족이 함께 시간을 보낸다.										
11	나는 '건강'을 위해서 정기진단, 좋은 관계, 균형 잡힌 섭생, 절주, 금연, 긍정적 사고, 규칙적인 운동, 심리적 안정을 도모한다.										
12	나는 현재와 미래에 나와 가족의 생활에 지장이 없을 정도의 '재정적인 독립성'을 확보하고 있다.										
13	나는 내가 '좋아하는 일'을 하고 있으며 일하는 것이 즐겁고 신난다.										
14	나는 '친구'들을 자주 만나며 온라인이나 오프라인 동호회, 친목단체에서 적극적인 활동을 한다.										
15	나는 10년 후, 20년 후, 40년 후의 '미래예측'을 하고 있으며 새롭게 발간되는 미래학 서적을 즐겨 읽는다.										
16	나는 나와 가족, 사회를 위한 봉사와 '헌신'을 즐겁게 하고 있으며 이를 통해 보람을 느낀다.										
17	나는 나의 장점을 잘 알고 있으며 내 인생의 긍정적인 '가치관'을 정해놓고 있다.										
18	나는 나와 가족, 친구, 동료 등 주변 사람을 진심으로 '사랑'하고 좋아한다.										
19	나는 실패를 두려워하지 않으며 어려운 일이라도 도전하는 '용기(기개)'를 갖고 있다.										
20	나는 학습이나 일에서 마무리될 때까지 한 가지를 완성하기 위해 '몰입'한다.										

21	나는 좋은 '습관목록(Good Habit List)'과 하지 말아야 할 목록(Do not list)을 적어놓고 실천한다.									
22	나는 다른 사람을 속이지 않는 '정직한 삶'을 살고 있으며 부정한 소득(뇌물이나 향응 등)은 거부한다.									
23	나는 새로운 '변화'를 즐기며 매년 이력서에 새로운 경력을 추가하고 있다.									
24	나는 언제 어디서나 내 인생의 주인공으로서 '주인의식'을 가지고 주도적으로 행동한다.									
25	나는 기한이 정해진 '비전(vision)'을 글로 적어놓고 있으며 이를 매일 읽어본다.									
26	나는 약속은 반드시 지키며 다른 사람으로부터 믿을 수 있는 사람이라는 '신뢰'를 얻고 있다.									
27	나는 새로운 방식으로 일하는 것을 즐기며 '혁신적인 방식'을 선호하는 혁신가이다.									
28	나는 내 일의 '전문가'로서 나만의 브랜드파워를 가지고 있다.									
29	나는 고정관념을 멀리하고 '유연한 사고와 실행'을 통해 모든 것에 잘 적응하는 편이다.									
30	나는 매일 매일 조그만 것에도 늘 '감사'하는 감사일기 또는 감사편지를 생활화하고 있다.									
31	나는 1만분의 1의 가능성도 포기하지 않는 '끈기'가 있다.									
32	나는 내가 할 일을 남에게 미루지 않고 내가 스스로 주도적으로 처리하는 '근면성실'한 사람이다.									
33	나는 긍정적인 말을 많이 사용하며 '긍정적 태도'를 다른 사람에게 전파한다.									
34	나는 다른 사람과 '의사소통'을 잘 하고 있으며 필요한 것은 언제든 누구한테든 부탁을 잘한다.									
35	나는 창조적 사고를 위한 나만의 특별한 시간을 확보하며 '창조적 지식'을 키워나가고 있다.									
36	나는 한 달에 '1권 이상 전문서적과 5권 이상의 일반서적'을 읽고 트렌드를 파악한다.									
37	나는 하루 '86,400초의 시간'을 낭비하지 않고 자투리 시간도 잘 활용한다.									
38	나는 언제나 '웃음'으로 사람을 대하며 재미있는 유머를 종종 사용한다.									
39	나는 모든 것을 내 힘으로 얻는 '노력'을 하며 공짜를 바라지 않는다.									
40	나는 항시 '기록'과 '메모'를 하며 이를 PC, 태블릿, 스마트폰 등에 저장한다.									

내비게이터십 개인진단 점수표

질문지를 읽고 자신의 점수를 준 후 점수표에 적는다. 그런 다음 아래로 더해서 각 덕목별로 소계를 낸 후 그 소계의 합에 곱하기 2를 해서 나온 점수가 총점이 된다.

점수표

	꿈	관계	도전	재능	실행	기본	준비	열정
1								
2								
3								
4								
5								
6								
7								
8								
9								
10								
11								
12								
13								
14								
15								
16								
17								
18								
19								

	꿈	관계	도전	재능	실행	기본	준비	열정
20								
21								
22								
23								
24								
25								
26								
27								
28								
29								
30								
31								
32								
33								
34								
35								
36								
37								
38								
39								
40								
	꿈	관계	도전	재능	실행	기본	준비	열정
소계								
총점 (소계×2)	꿈	관계	도전	재능	실행	기본	준비	열정

내비게이터십 개인진단의 해석

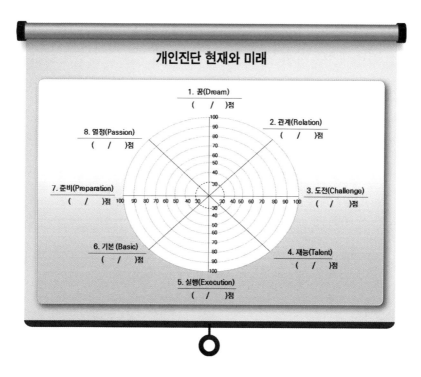

질문지를 보고 기록한 점수표에서 나온 각 덕목별 총점을 괄호의 앞부분에 적는다. 괄호의 뒷부분에는 장래에 내가 달성하고 싶은 점수를 적어본다. 그런 다음 점수대로 레이더휠에 표시하고 점들을 연결하면 현재와 장래의 2개 레이더휠이 나타난다. 현재와 장래의 차이점gap이 내가 달성해야 할 과제가 된다.

① 표시된 면적이 넓을수록(전체 총점이 많을수록) 자신에 대한 '자존감'이 크고 자신에 대한 믿음이 강하다.

② 만약 어느 하나의 덕목이 다른 것에 비하여 크게 높은 것이 있다면, 높은 덕목이 낮은 덕목을 보완할 수 있다.

③ 전체적인 모양이 원형에 가까울수록(각 덕목의 점수가 비슷할수록) 8개 덕목의 균형이 잡혀 원만한 삶이 된다.

④ 꿈-실행, 관계-기본, 도전-준비, 재능-열정의 점수가 서로 비슷할수록 전략과 전술, 생각과 행동이 균형을 이루게 된다.

내비게이터십 질문지에 의한
조직진단 방법

① 편안하게 깊은 심호흡을 한 후 천천히 설문을 읽고 점수를 생각한다.

② 점수는 1~10점 사이에서 자신이 속한 기업(조직)을 주관적으로 평가하는 것이 바람직하다.

③ 자신이 속한 기업(조직)과 관련이 없으면 1~3점, 중간 정도면 4~7점, 밀접하면 8~10점을 준다.

④ 시간은 충분히 가지되 너무 오래 생각하지 말고 직관적으로 떠오르는 점수를 적는다.

⑤ 점수표의 흰색 빈칸에 생각했던 점수를 써 넣는다.

⑥ 잘 이해되지 않는 것이 있더라도 추측을 해서 점수를 준다.

⑦ 질문마다 정답이 있는 것이 아니니 편안하게 점수를 준다.

⑧ 마쳤으면 흰색 칸의 점수를 아래로 더해서 소계를 완성한다.

⑨ 소계를 번호별로 더해서 각 번호별 총계점수를 낸 후 곱하기 2를 한 숫자를 번호대로 적는다.

⑩ 총계점수를 내비게이터십 휠wheel에 표시하시고 붉은색이나 형광색으로 선을 이어준다.

No.	내 용	1	2	3	4	5	6	7	8	9	10
1	내가 속한 회사(조직)는 '비전과 사업목적'이 분명하고 사회적으로 가치 있는 사업을 하고 있다.										
2	내가 속한 회사(조직)는 부서 간, 상하 간, 동료 간 '소통'이 잘되고 관계가 끈끈하다.										
3	내가 속한 회사(조직)는 도전적이며 '혁신'하는 문화를 갖고 있다.										
4	내가 속한 회사(조직)는 전문성을 가지고 있으며 직원을 키우고 '육성'하는 경영을 하고 있다.										
5	내가 속한 회사(조직)는 '보상(임금과 복지후생)'이 적정하고 공정하고 합리적이다.										
6	내가 속한 회사(조직)의 CEO(상사)는 신뢰할 수 있으며 직원들에게 '믿음'을 주고 있다.										
7	내가 속한 회사(조직)는 창조적이며 사원들이 '창의성'을 발휘하도록 도와주고 있다.										
8	내가 속한 회사(조직)는 자율적이며 사원들의 '자발성'을 키워주고 있다.										
9	내가 속한 회사(조직)에서 내가 하는 일은 개인적으로나 조직적으로 '의미'가 있고 존중받는 일이다.										
10	내가 속한 회사(조직)의 CEO는 사원들의 개인사에도 '관심'을 갖고 있고 적극적으로 표현한다.										
11	내가 속한 회사(조직)는 지속적으로 '성장'하고 있으며 앞으로도 성장가능성이 크다.										
12	내가 속한 회사(조직)에서는 내 일에 '몰입'할 수 있는 환경이 조성되어 있다.										
13	내가 속한 회사(조직)의 CEO(상사)는 사원들에게 '감사'한 마음을 갖고 있으며 이를 잘 표현한다.										
14	내가 속한 회사(조직)는 '일과 삶의 균형(Work &Life Balance)'을 찾을 수 있다.										
15	내가 속한 회사(조직)는 새로운 기술이나 마케팅, 관리 등 '연구개발'을 지속적으로 하고 있다.										
16	내가 속한 회사(조직)는 담당자에게 '권한 위양'을 해서 스스로 결정하고 책임지도록 한다.										
17	내가 속한 회사(조직)는 고객과 직원, 거래처를 속이지 않는 '정직'한 경영을 하고 있다.										
18	내가 속한 회사(조직)의 구성원들은 서로 상대를 이해하고 '배려'해 준다.										
19	내가 속한 회사(조직)는 끊임없이 '투자'하고 새로운 제품과 시스템을 만들어간다.										
20	내가 속한 회사(조직)는 내가 하는 일에 '열정'을 바칠 수 있는 전문가가 되도록 도와준다.										

21	내가 속한 회사(조직)의 CEO(상사)는 나를 인격체로 '인정' 해주고 칭찬을 많이 해준다.									
22	내가 속한 회사(조직)의 CEO(상사)는 나를 '가족'같이 대하며 내 가정사에도 관심을 갖고 있다.									
23	내가 속한 회사(조직)는 외부적으로 충분한 '경쟁력'을 갖추고 있다.									
24	내가 속한 회사(조직)는 구성원의 '자기계발'을 적극적으로 권장하며 후원해준다.									
25	내가 속한 회사(조직)는 CEO(상사)는 매사에 '긍정적'이며 포용하는 사람이다.									
26	내가 속한 회사(조직)는 다른 조직(경쟁업체, 관계회사, 지역사회, 정부 등)과 '협업'을 잘한다.									
27	내가 속한 회사(조직)는 현실에 안주하지 않고 '미래지향적'이며 사회변화를 잘 따라간다.									
28	내가 속한 회사(조직)는 내가 갖고 있는 '핵심역량'을 잘 파악하고 있으며 이를 계발하는 데 도움을 준다.									
29	내가 속한 회사(조직)는 공정한 '승진'이 이루어지고 적재적소에 인재를 잘 배치한다.									
30	내가 속한 회사(조직)는 작업상 '안전'한 환경을 만들고 있으며, 산재발생이나 성희롱이 없다.									
31	내가 속한 회사(조직)는 '다양성'을 존중하며 다양한 인재들이 잘 어울린다.									
32	내가 속한 회사(조직)는 구성원들을 '의사결정에 참여시키고 중요사항은 사전에 협의한다.									
33	내가 속한 회사(조직)는 '사회에 헌신'하며 기업의 사회적 책임을 다하고 있다.									
34	내가 속한 회사(조직)의 CEO(상사)는 '나눔'을 생활화하고 있으며 관용을 베푼다.									
35	내가 속한 회사(조직)는 장래에도 지속적으로 '발전'할 가능성이 크다									
36	내가 속한 회사(조직)는 조직 구성원들의 '교육훈련'에 많은 시간과 자원을 투자한다.									
37	내가 속한 회사(조직)는 구성원들이 일과 자신에 대한 '자부심'을 가지고 있다.									
38	내가 속한 회사(조직)는 함부로 인위적인 구조조정을 하지 않으며 '고용이 안정'되어 있다.									
39	내가 속한 회사(조직)에서 내가 하는 일은 '재미'있고 신나는 일이다.									
40	내가 속한 회사(조직)는 다양한 책을 읽을 수 있는 기회를 만들어주고 '독서'에 지원을 한다.									

내비게이터십 조직진단 점수표

　조직진단 질문지를 읽고 자신이 생각하는 조직의 점수를 점수표에 적는다. 점수표가 완성되면 아래로 더해서 소계를 내고 그 소계에 곱하기 2를 해서 총계를 낸다.

점 수 표

	가치성	관계성	도전성	전문성	공정성	신뢰성	창조성	자율성
1								
2								
3								
4								
5								
6								
7								
8								
9								
10								
11								
12								
13								
14								
15								
16								
17								
18								
19								

	꿈	관계	도전	재능	실행	기본	준비	열정
20								
21								
22								
23								
24								
25								
26								
27								
28								
29								
30								
31								
32								
33								
34								
35								
36								
37								
38								
39								
40								
소계								

총점 (소계×2)	1(가치성)	2(관계성)	3(도전성)	4(전문성)	5(공정성)	6(신뢰성)	7(창조성)	8(자율성)

내비게이터십 조직진단의 해석

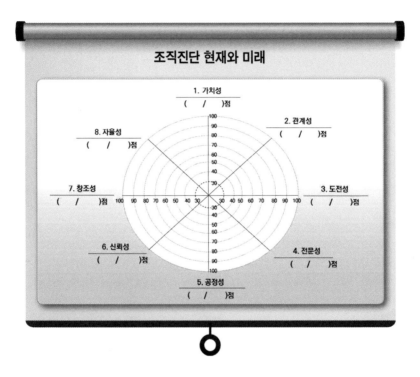

조직진단 현재와 미래

내비게이터십 조직진단은 조직에 속해 있는 구성원이 조직에 대해 느끼는 행복도이다. 이에 대한 해석도 스스로 할 수 있다. 위의 진단지와 점수표에서 나온 각 덕목별 총점을 괄호의 앞부분에 적고, 뒷부분에는 장래 희망하는 점수를 적어 넣는다. 그리고 점수대로 레이더휠에 표시하고 점들을 연결하면 현재와 장래의 2개 레이더휠이 나타난다. 현재와 장래의 차이점gap이 조직에서 달성해야 할 과제가 된다.

① 총점이 많을수록, 표시된 면적이 넓을수록 조직에서 느끼는 '행복감'이 크고 충성도와 몰입도가 높아진다.

② 어느 하나의 덕목이 다른 것에 비하여 점수가 높은 경우 그 덕목이 점수가 낮은 덕목을 보완할 수 있다.

③ 전체적인 모양이 원형에 가까울수록(각 덕목의 점수가 비슷할수록) '조직성장과 개인행복의 조화'가 이루어지고 있다.

④ 가치성-공정성, 관계성-신뢰성, 도전성-창조성, 전문성-자율성의 점수가 비슷할수록 조직과 개인의 소통이 이루어져 '의미 있는 조직생활'을 하고 있다.

내비게이터십
상설 강좌
안내

NAVIGATORSHIP Coaching 과정

**서양에서 발달한 리더십과 동양철학을 접목시키면서
개인과 조직을 통합하는 통섭적 변화관리 솔루션!**

행복한 성공을 하려면 NAVIGATORSHIP이 필수!!

- ◆ Dreams   내 강점을 발굴하여 내 마음 속에 있는 내 꿈을 찾아낸다.
- ◆ Design   NQ 진단을 통해 내 현상을 파악하고 내 미래를 설계한다.
- ◆ Do   내가 잘할 수 있고 실천 가능한 방안을 찾아서 실행한다.
- ◆ Devote   내 꿈을 실현하여 조직과 사회에 의미 있는 인생을 만든다.

NAVIGATORSHIP Coaching 전체 체계도

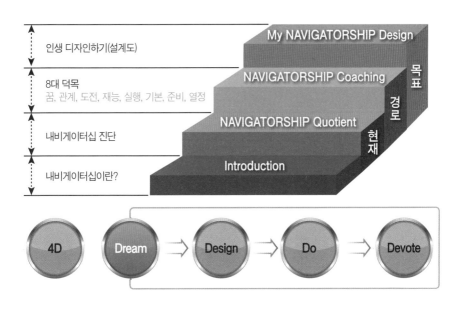

NAVIGATORSHIP Coaching 과정

행복한 성공을 위한 인생 설계 프로그램

NAVIGATORSHIP Coaching의 5가지 특징

1 자신의 행복한 인생을 스스로 디자인하고 실천방안을 만드는
인생설계(디자인) 프로그램

2 자신의 꿈을 찾아 인생을 항해하면서 자신이 속한 조직을 지속적으로 성장시키는
자기창조경영

3 NQ(NAVIGATORSHIP Coaching) 진단을 통한 자신의 현재를 점검한 후
꿈과의 차이(Gap)를 메꾸어 나가는 Navigator 양성

4 기존의 Leadership이나 Self Leadership을 보완하는 고유의 독창적 용어로
"NAVIGATORSHIP"으로 브랜드화

5 서양의 개인주의와 동양의 공동체주의를 접목시켜 인생(삶)의 본질을 사유
(자아탐구 – 자아소통 – 자기혁명 – 인생설계 – 실천방안)

NAVIGATORSHIP이 개인과 조직에 기여하는 효과

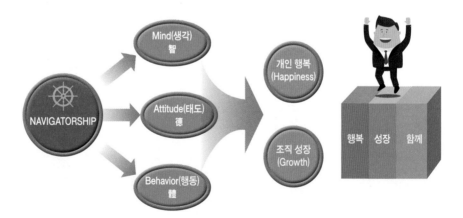

NAVIGATORSHIP Coaching 과정

행복한 성공을 위한 인생 설계 프로그램

과정의 목적	자신의 인생을 스스로 디자인하고, 조직과 함께 성장하기 위한 인생설계도 작성과 구체적 실천방안 마련
과정의 목표	개인과 조직의 목표를 정하고(Dream), 그 목표를 이루기 위해서 세부적인 계획을 세우며(Design), 열정을 가지고 노력(Do)하는 핵심 인재를 양성
교육 방법	실습 중심의 상호 영향력을 미치는 토론 프로그램 (그룹코칭 방식으로 운영)

Master Coach

구건서

내비게이터십 대표
인생학교 교장

- Master Coach Certification
- 내비게이터십 대표
- KBS 아침마당 목요특강,
  강연백도씨(인생역전의 5가지 비결 등)
- 저서: Success Navigatorship, The Future of
  Work, 여전한 인생 vs 역전한 인생 등 출간

커리큘럼(14시간)

1단계 (오리엔테이션) Group Building	2단계 (자기진단) Navigatorship Quotient	3단계 (목표 설정) Dream & Future	4단계 (실천 방안) Do & Devote	5단계 (마무리) Design
• 과정 안내 • 참가자 소개 • 자기 소개 • 그룹 구성	• 개인의 NQ 진단 • 조직의 NQ 진단 • 개인별 발표 • 그룹별 발표	• 미래 예측 • 꿈(목표) • 강점 파악 • 목표와 전략 수립	• 구체적인 실천방안 • 개인별 발표 • 팀별 발표 • 총평	• Wrap Up • 개인과 조직 통합 • 인생설계도 작성 • 마무리
2시간	3시간	3시간	3시간	3시간

NAVIGATORSHIP Coaching 과정
행복한 성공을 위한 인생 설계 프로그램

교육 참가 안내

◆ 참가 대상: 일반인, 교사, 교육상담, 강사, HFO 기획 및 관리자
◆ 방법: 평일 저녁과정, 평일이나 주말 2일 과정
◆ 장소: 한국평생교육원(3호선 남부터미널역 6번 출구)
◆ 참가 비용: - 일반인: 440,000원(교재, 식대/VAT 포함)
◆ 문의 접수: 구건서 대표(010-3968-5454)
　　　　　　　이메일: labor54@hanmail.net
◆ 오시는 길: 서울시 서초구 서초중앙로 41 대성빌딩 4층 한국평생교육원

◆ 지하철 교통편
　－ 3호선 남부터미널역 6번 출구
◆ 버스는 남부터미널 정류장 하차

NAVIGATORSHIP Coaching 과정
참가 신청서

회사명			
* 계산서 발행을 위해 사업자등록증을 첨부하시기 바랍니다.			

회사주소			사업자등록번호	
참가자명	부서	직책(직위)	핸드폰	이메일

상기와 같이 NAVIGATORSHIP Coaching 과정에 참가 신청합니다.

2016년　　　　월　　　　일

신청자: 　　　　　　　　　　　　　(서명)

ICA 국제코치연합
International Coach Alliance

골드멤버스를 모십니다

놓칠 수 없는 절호의 기회!

1 3,000만 원 상당의 교육프로그램을 월 3만 원에 모두 제공됩니다!

2 행복한 책 쓰기 저자와 평생 명강사 및 프로코치가 되실 수 있습니다!

행복한 성공을 만드는 '300'의 힘!
100권, 100곳, 100명으로 일궈내는 와일드한 성공!

골드멤버스 모집 요강

◆ **대상** | 행복한 책 쓰기 저자, 명강사와 프로코치의 융합을 통한 새로운 가능성과 기회를 찾고 싶은 모든 분들

◆ **비용** | 연회비 36만 원 (2016년 12월 31일까지 가입비 면제)

◆ **혜택** | * 골드멤버스가 되신 분들께는 행복한 책 쓰기 저자, 평생 명강사가 되기 위한 콘텐츠, 프로코치가 되기 위한 콘텐츠(동영상, 교안 PPT/PDF)를 모두 제공합니다

◆ **가입방법** | 국제코치연합 홈페이지(www.icacoach.net)를 통해 신청

◆ **입금계좌** | 하나은행 393-910034-50605 (주)국제코치연합

◆ **문의** | (서울)02-597-8884 (대전)042-533-9333 / **문자메시지 문의** | 010-7427-8884

◆ **이메일 문의** | klec5979333@gmail.com

행복한 성공을 만드는 '300'의 힘
100권, 100곳, 100명으로 일궈내는 와일드한 성공!

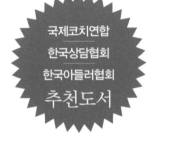

국제코치연합
한국상담협회
한국아들러협회
추천도서

진짜 나의 본성을 발견하는 힘
와일드 이펙트

유광선 지음 | 304쪽 | 신국판 | 값 15,000원

가슴 뛰는 삶의 주인이 되는 생각법!

이 책의 저자는 자신이 찾은 행복한 인생의 비밀을 WILD라는 단어에 담아냈다. WILD는 Want, Imagine, Learn, Declare의 앞 글자를 조합한 것으로 WANT: 내가 하고 싶은 일을 원하고 좇는 삶, 가슴이 뛰는 삶, IMAGINE: 목표가 이루어졌을 때를 상상하는 즐거움, LEARN: 배움의 자세, DECLARE: 꿈을 이루기 위해 빠른 시일 내에 실현 가능한 단계적 목표를 세워 실천의 족쇄로서의 선언이다. 저자가 제시하는 실제 사례들과 제안들처럼 WILD하게 살다 보면 인생을 주도적으로 개척해 나가는 방법을 터득하게 될 것이며 일상을 소중하게 생각하고 내가 가진 것에 감사해하고 있는 자신을 발견하게 될 것이다.